現實

WOMEN IN
REALITY

工作壓力 × 吃土困境
婚姻危機 × 婆媳問題

憶雲，馬銀春 —— 編著

學會從容面對世事紛爭
才能優雅享受人生

女人學

妳今天還是路邊一株不起眼的小草，或許明天就可以成為花園中的奇葩；
妳今天仍然在為日常的瑣事而苦惱，或許明天便已掌握走向幸福的鑰匙！
> >

為每位讀者獻上一張溫暖的女人幸福地圖，
指引妳從容遊走於生活中並建立平衡的幸福理念——

U0075139

前言

目錄

第 3 堂課

投資健康，就是為幸福買「保險」

第 4 堂課

愛情和家庭是女人的終極幸福

第 5 堂課

讓友誼之花在自己的生命中綻放

目錄

第 6 堂課

好口才，有好運

第 7 堂課

用形象凝聚吸引力，靠妝容展現神韻美

第 8 堂課

展現知性美，提升幸福指數

前言

有人說，女人是墜落凡間的天使，她們的使命就是給人間帶來快樂和幸福。這個喧囂繁雜的塵世，因為有了女人，才會有安寧、幸福、溫馨、美麗……人的一生，短暫又漫長，充滿了眾多的欲望，但有一樣東西，是所有人都渴望得到的，那就是幸福。對於女人來說更是如此。幸福是一個永恆的話題，更是每個女人都在努力爭取的事。

隨著生活節奏的加快、市場競爭的激烈、工作的壓力、情感和婚姻的困惑、家庭矛盾的困擾、子女教育的問題等等，對很多女性產生了強烈的心理衝擊，讓她們感覺身心俱疲，覺得幸福離自己越來越遠……。

其實，幸福並非像女人們想像的那麼難以得到，我們身邊也不乏讓人羨慕的幸福女人。這樣的女人，能夠優雅從容地面對世事紛爭、氣定神閒地應對人生煩惱、怡然自得地享受自己的生活。她們不僅可以在激烈的競爭中穩穩地立足於職場，對愛情、婚姻和家庭的經營也得心應手。然而她們的這種幸福和超人的智慧並不是天賦異稟，而在於她們自我的學習、修練。

那麼，幸福是什麼？幸福有著豐富的含義，不同的女人對幸福也有著不同的解讀。

幸福，是一種感覺，是女人心海裡一道亮麗的彩虹。它折射到女人的臉上，呈現的是美麗，是從容，是自信。如果說女人是花，那麼愛情就是它最好的滋養，在愛的滋潤下，女人的幸福感才會得到極大的滿足。

幸福就是能夠和心愛的人一起享受人生的甜蜜和喜悅；幸福就是有很多的知心朋友，大家一起親密地暢談人生理想；幸福就是有一份工作，讓自己為了心中的目標而努力奮鬥；幸福就是心靈寧靜之時，一個人默默地

前言

品味淡淡的瀰漫在空氣中的甜蜜味道……幸福的感覺有千萬種，只要妳的心態是滿足的，心情是舒暢的，妳所擁有的就是一種幸福。

幸福，每個人都缺少，但似乎每個人又都擁有，看似無處尋覓，卻又無處不在。忙碌的人們有收穫的喜悅，那是幸福；清閒的人們有舒心的自在，那是幸福；活潑的頑童有跳動的熱情，那是幸福；靜坐的老者有慈祥的笑容，那是幸福；甜蜜的情侶有纏綿的愛意，那是幸福；牽手的夫妻有溫存的漫步，那是幸福。舞動的青春、飛揚的熱情、鮮活的生命、亮麗的人生都是幸福。

金錢、地位、權力、名聲，這些也許能給我們帶來暫時的快感，卻無法撫平空虛的心靈。只有幸福，才是生活中最直接的動力，人生中最寶貴的財富。

為此，我們精心編寫了本書。它是一本以生動的語言娓娓道來的智慧之書，它收集了眾多女性對幸福的理解，闡釋什麼才是女人需要的幸福。它告訴現實生活中的女人，如何生活才幸福，怎樣才能獲得自己想要的幸福。

本書是一張溫暖的女性幸福地圖，指引妳從容地遊走於生活的各個領域，並建立平衡和諧的幸福理念。打開它，或許妳今天還是路邊一株不起眼的小草，而明天就可以成為花園中的奇葩；或許妳今天還在為幸福的獲取而苦惱，而明天就已經掌握了走向幸福的金鑰匙。

編者

第 1 堂課

擁有美好心態，修練完美幸福女人

　　女人的幸福來自於自身的心態，樂觀、平和、知足、不抱怨等等。擁有了這些，無論一個女人從事什麼職業，家庭是否富裕、孩子是否出色，她的眼神都會清澈，神情都會自信，她的生活會因此充滿柔美的樂章，周圍的人都喜歡與她在一起，感受她帶來的愉悅氣息，這樣的女人沒有理由不幸福。

● 做幸福女人，從停止抱怨起程

　　現代人都生活在一種很大的壓力之中，有些時候，遇到不順心之事，要是抱怨一下，好像能得到緩解，並且有益於身體健康，但每回都聽她抱怨，便讓人不耐煩了。

　　一般的抱怨有三種，一種是工作上的抱怨，如抱怨上司不公平、待遇不佳、工作太多、同事不合作等等；另一種是生活上的抱怨，如抱怨物價太高、小孩不乖、身體不好等等；還有一種是對社會的抱怨，總是憤世嫉俗，對不公平之事極度不滿。

　　人都有一種正義與剛毅之氣，有一種自尊之需，因此難免會對周圍的不平之事發洩自己心中的情緒：

★ 別人沒有聽妳抱怨的義務。如果妳的抱怨與聽者毫無關係，會讓對方不耐煩。如果妳經常抱怨，下次他看見妳便會躲得遠遠的。

★ 有問題才會抱怨。如果妳抱怨的都是一些很小的事情，而且天天抱怨，那就會給人一種「無能」的印象。一個能幹之人如果因為愛抱怨而被人當做「無能」，那不是很冤枉嗎？

★ 如果妳也時常抱怨別人，那麼妳也會被認為是個不合群、人際關係有問題的人，否則為什麼別人不抱怨？

★ 對工作的抱怨如果言過其實或無中生有，那麼不僅聽的人不以為然、不同情妳，反而會抵制妳，連上司也會對妳表示反感。

★ 抱怨也會使自己的情緒惡化，看什麼都不順眼，使自己陷入一種自己製造出來的情境之中。

★ 經常抱怨也會變成一種習慣。遇到壓力或不如意之事，便先抱怨一番，這是最可怕的事。

★ 抱怨也會影響其他人的情緒，讓不明真相的人產生心理波動。這會破壞工作場所的氣氛，而妳這種行為也必將受到周圍人的指責。

總之，抱怨絕不是好事，它不會為妳帶來多少正面的效益，反而讓妳的心情越來越差。要知道，出現這樣的心境的原因不是妳周邊環境的不如意，而是妳的心態不好。

妳的態度決定妳的選擇，妳的選擇決定妳的生活。所以，永遠不要只抱怨，即便生活中有種種的不如意，只要妳改變自己的人生態度，妳一樣可以收獲幸福。

我們每個人都很好強，都不想輸給別人，都想在自己的事業中做出成績。有時我們的內心會變得越來越煩躁，越來越失去平衡，覺得自己沒有得到應有的尊重。其實，不必苛求人生，保持一顆平常心，笑看得失成敗，即使平凡一生，又有何憾？做一個平凡的人，擁有一顆平常心，妳會發現，人生其實不乏快樂。陽光是美好的，空氣是美好的，每一天都充滿快樂和溫馨。擁有一顆平常心，才能體會到淡泊是一種享受，淡泊是一種心境。學會享受淡泊，才能如魚得水，自由自在地欣賞不可多得的美妙世界。

● 嫉妒是挫傷幸福的利器

《聖經》裡說：「嫉妒是骨中的朽爛。」其實，嫉妒是一種普遍的社會心理現象，是人類的一種普遍的情緒。它是因他人獲得了比自己更為優越的地位、榮譽，或是自己寶貴的物質或鍾情的人被別人奪取或將被奪取時而產生的情感。它有一個重大的特徵就是「指向性」，即嫉妒是有條件的，是在一定的範圍內產生的，指向一定的對象。也就是說，不是任何人在某些方面超過自己都會產生嫉妒，超過自己太多的人只會讓我們羨慕，而不是嫉妒。

在現代社會激烈的競爭當中，唯利是圖的情況似乎非常普遍。當別人比自己占優勢時，自己心裡就感覺不舒服，並產生設法消除和排擠對方的一種強烈衝動。這種人並不是用自己的努力去追趕比自己強的人，而是專挑別人的毛病，諷刺挖苦，甚至為對方設置困境，期望對方遭到不幸和傷害。所以，嫉妒心強的人，也往往是非常尖刻的人。

女人天生愛嫉妒，「嫉妒」這兩個字都有「女」字旁，或許是在暗示嫉妒心理在女性中反應更強烈吧。當一個女人看到別人比自己強，或在某些地方超過了自己，心裡就萌生醋意，這是影響女人快樂的心理缺陷。嫉妒心的發生是由於自己有不如人的地方，嫉妒者的心情緊張、焦慮、不能容人、不能容事、唯我獨尊。她們既不同情弱小也不接納強大：對不如自己的，貶損而鄙視，對比自己好的，嫉妒且中傷。培根曾經說：「嫉妒是人類最卑劣、最墮落的情慾，同時也是人類的本性之一。」

伏爾泰說：「凡缺乏才能和意志的人，最易產生嫉妒。」因為自己技不如人，卻只能用嫉妒的心理去排解心中的不平，一旦任嫉妒心理隨意發展，妳就會疏遠那些各方面比自己強的人，到頭來不僅會孤立了自己，

而且也阻止了自己的前進。同時，也就給自己的心裡種上了一顆罪惡的種子。

小靜和陳麗同為一家公司的業務員，平時兩人很要好，無論工作上還是生活上都互相幫助。

小靜比陳麗大三歲，並且進公司也比陳麗早兩年。大家猜想如果有升遷的機會，非小靜莫屬。但陳麗為人隨和，工作努力，做事主動，並富有創造力，因而引起了上司的注意。後來，陳麗越過小靜，得到升遷機會並成為了業務主管。

陳麗的晉升讓小靜嫉妒得兩眼發紅，她一改往日的熱情，幾乎天天給陳麗「臉色」看。

一天，小靜看到陳麗和公司經理一起從遠處走來，嫉妒之感油然而生，對身邊的幾位同事說：「哼，妳們知道陳麗為什麼升遷嗎？她就是用那張臉換來的。」聽了小靜的話，同事沒有附和她，反而向她露出鄙視的眼神。看到同事們也偏向陳麗，小靜更加嫉妒了，於是氣急敗壞地說：「妳們別不信，陳麗這個人是什麼樣子，我心裡最清楚。」

而她怎麼也沒有想到，就在自己因嫉妒而嘲弄陳麗時，陳麗正極力向上司推薦小靜。可惜，她大聲嚷嚷的話被經理聽到了，所以升遷的事化為了泡影，同事也不喜歡和她來往了，從此小靜成了「孤家寡人」。

最後，被嫉妒折磨得近乎崩潰的小靜再也待不下去，收拾了東西，離開了這家公司。

嫉妒會使一個女人變得狹隘、猜忌、自私，使她在不知不覺中養成仇視他人、用讒言汙衊他人等惡習，最終像小靜一樣自食苦果。

生活中，很多女人都是如此，窮其一生都是把目光集中在別的女人身上，與她們進行著無止境的比較，從身材到容貌、從工作到家庭、從老公

到孩子……比較的過程中夾雜著妒忌，比較的結果是失落與自卑。

　　然而，嫉妒本身並不是絕對的壞事，關鍵在於我們必須自覺主動地促使嫉妒轉化為有利於自己、有利於他人、有利於社會的良性競爭，防止其扭曲為意在摧毀對方優勢的行為。

　　對於別人的成功，要正向嫉妒，不要負面嫉妒。正向嫉妒，就是為此積蓄自己大量的精力、時間、智慧去追求並實現更大的目標。

　　所以，魅力女人對待嫉妒，並不是一棒打死，而是在合理的範圍內進行有效的調整。嫉妒被心理學家稱作是一把「雙刃劍」，因為多數情況下，由於嫉妒心的作用在做事過程中兩敗俱傷，所以，歷年來的文學家們都經常用妖魔或害蟲來形容它。例如，莎士比亞就曾經把嫉妒比作是一個「綠眼的妖魔」，還有人則把它比作是「靈魂的黃疸病」。

　　嫉妒被視為人性最大的弱點，似乎一無是處。嫉妒是緊張的、不愉悅的，沒有人能夠持久地忍受它，它迫切地「要求」嫉妒者主動或被動，積極或消極地採取某些行動，減弱和消除自己的緊張狀態。嫉妒的積極減弱和消除，是期望透過挖掘潛力，充分發揮自己的主觀能動性，重新確立高水準的心理平衡。這集中地外顯為一種良性競爭行為。

　　嫉妒昇華為良性競爭行為，嫉妒者奮發進取，努力縮小與被嫉妒者之間的「狀態差」；而被嫉妒者面臨挑戰，一般也不會坐視不管，而是為保持和發展自己的優勢地位迎接挑戰，強化競爭。也就是說，嫉妒可能會引發並維持一種「競爭互感」現象，在「競爭互感」過程中，雙方的嫉妒關係轉為競爭關係，互相促進，共同往最好邁進。

　　嫉妒產生並促進良性競爭，從這個意義上說，「嫉妒是一種很偉大的存在。」但是，因嫉妒而採取如此積極態度和行為的人實在太少，嫉妒大量產生的是對立、仇視、攻擊和破壞。從古至今，因嫉妒導致的令人扼腕

嘆息的悲劇不斷。難怪巴爾札克發出感嘆：「嫉妒潛藏在心底，如毒蛇潛伏在穴中。」

嫉妒心太強的女人不能容忍別人超過自己，害怕別人得到她無法得到的名譽、地位，或其他一切她認為很好的東西。在她們看來，自己辦不到的事最好別人也不要成功，自己得不到的東西別人也不要得到。顯然這是一種極其陰暗齷齪的心理。

嫉妒的壞處很大，對於嫉妒者本身來說，它有本質上的瑕疵。一個心地善良的魅力女性，一旦受到嫉妒情緒的侵襲，往往會頭腦糊塗、停滯不前，甚至喪失理智，處處以損害別人來求得對自己的補償，以至於做出種種蠢事來。好嫉妒者由於經常處於所願不遂的嫉妒情緒煎熬之中，其心理上的壓抑和矛盾衝突所導致的惡性刺激，會使神經系統功能受到嚴重影響。

那麼，染上嫉妒惡習的女人應該如何治療嫉妒的缺陷，去除心靈的汙點呢？

★ **要放寬眼界，心胸開闊一點**：人外有人，天外有天。在這個世界上，比妳強的人有很多，嫉妒身邊的一兩個人根本是自尋煩惱，關鍵是嫉妒心理還會阻礙妳向前發展。所以與其嫉妒別人，不如發奮努力，迎頭趕上。

★ **學會尊重別人**：人們常說，只有先尊重別人才能得到別人的尊重。所以女性應正視別人的優點和長處，對於別人的超越要心悅誠服，然後向其學習，使自己更加完善。

★ **轉換妳的嫉妒心理**：嫉妒心理並不全都是消極的、不利的；嫉妒心理也會讓我們產生自愛、自強、自奮、競爭的行動和意識。所以，當別人比我們更加優秀時，不妨試著轉換一下嫉妒心理，促使自己發奮努力。

　　總之，對別人的成功，要以一種積極的心態去對待，以他人的成功為動力，要求自己以最大的精力、時間、智慧去追求更遠大的目標。保持自己的積極心態，對別人的好事多祝福，消除惡魔般的醋意，這樣，妳的人生自會有一番別樣的精彩。

● 淡泊的心境是一種別樣的幸福

　　現代社會對人的要求越來越高，對女人的要求也是如此，既要出得了廳堂，又要入得了廚房。學業、事業的壓力，婚姻家庭的壓力……種種壓力下，女人擁有一個好心態就顯得尤其重要了。很多女人總是忽視心態，覺得心態是很虛無的東西，似乎與自己的財富、地位、成功與否無關。但只要女人靜下心來，仔細觀察周圍每個人的言行舉止，就會發現，一個人擁有什麼樣的心態，就會有什麼樣的行為方式，而行為方式又決定著一個人的人生走向。

　　心理學家認為，心態是橫在女人人生之路上的雙向門，女人可以把它轉到一邊進入成功，也可以把它轉到另一邊進入失敗。智商高不如心態好，只有好的心態才能調動智商向著成功的方向邁進。良好的心態能成就一個人，不良的心態能毀掉一個人。一個女人如果沒有良好的心態，智商再高也會受到生活的嘲弄。

　　人生在世，誰都會遇到許多不盡如人意的煩惱事，關鍵是妳要以一種平和的心態去面對這一切。世界總是凡人的世界，生活更是大眾的生活。我們在平和的心態中尋找一份希望，驅散心中的陰霾，戰勝困難的勇氣和信心就會油然而生，我們的心情就會越過眼前的不快而重新變得輕鬆。從容淡定的心態是一種人生至高的境界，一種對榮譽、金錢、利益的豁達與樂觀。

　　一位母親在花園裡教她 5 歲的兒子使用剪草機，母子倆正剪得高興時電話響了，母親進屋去接電話。5 歲的兒子把剪草機推上了媽媽最心愛的鬱金香花圃。母親出來一看，臉都氣青了，眼看著她的拳頭高高舉起。這時丈夫走了出來，看見滿目瘡痍的花園，頓時明白了是怎麼回事。他輕聲對老婆說：「喂！我們人生最大的幸福是養孩子，不是養鬱金香。」一句話，使做母親的不再生氣，一切歸於平靜。

　　平日裡生氣、煩惱的時候，我們都該問問自己：我是為了生氣才種花的嗎？我是為了煩惱才上班的嗎？我是為了不快才交朋友的嗎？我是為了苦惱才結婚的嗎？如此一來，在生活中我們就不會生那些無謂的氣了。其實生活中的智慧就在於，無論發生了什麼，妳都能明白自己最想要的、最該珍惜的是什麼，是一盆花、一個花園，還是一種快樂、一份情感。如此，妳就能抓住生命裡最重要的東西，而不會為了生活的枝微末節痛苦；如此，妳的人生才會清明開朗、快樂富足。

　　心理專家指出，現在人的焦慮情緒已瀰漫於社會各個階層。所謂「社會性焦慮」，是一種廣泛的心神不寧，而且不易透過心理調適而化解，很難輕易消退。「社會性焦慮」中，個體焦慮的具體內容未必相同，但總觀又有某些共通性，加以分析，常常能夠從中看到社會的病灶。

　　平和的心態並非指毫無準備、毫無目的地做事。古人有云：山因勢而變，水因時而變，人因思而變，思而悟，悟而行，行必高遠。思考的過程是因人而異的，心態浮躁的人，其思考過程是胡思亂想的過程，心態平和的人，其思考過程是深思熟慮的過程。

　　「寵辱不驚，閒看庭前花開花落；去留無意，漫隨天外雲卷雲舒」。只有有了平和而又不失進取的心態，許多棘手的問題才可以迎刃而解，許多人間的美景才能盡收眼底。做事情三心二意、淺嚐輒止；或是東一榔頭

西一棒槌，既要魚，又想得熊掌；或是這山望著那山高，耐不了寂寞，靜不下心來，稍不如意就輕易放棄，敷衍塞責，這樣的心態，決定了人生的不幸。

人不管到了什麼樣的年齡，都應該始終保持一顆充滿活力的心，一份從容淡定的心態。鮮花和掌聲營造的是一種氣氛，而在從容淡定的心態中得到的幸福和快樂則是一種持久的感覺。

作為女人，從容淡定，意味著以冷靜現實的人生觀去對待生活。對世界、社會和他人，不要抱過高的期望。要知道，公正永遠是相對的，永遠沒有完美的現實，有的只是庸碌平凡的世人，以及隨時可能會裂變霉變的脆弱人性……有了這種冷靜的態度，遇到不公正、誤解、委屈，就不會傷心，就不會怨天尤人，更不會自怨自艾，而是咬緊牙關，苦練內功，「面壁十年圖破壁」，等待和尋找勝出的機會。

從容淡定，意味著有所爭有所不爭，有所為有所不為。凡有利於社會、有利於個人長遠發展的事，就努力做，排除干擾地做；而不利於社會、不利於個人長遠發展的事，就盡量不做，少做。

從容淡定，意味著「三不較勁」原則，「不與天較勁，不與人較勁，不與事較勁。」不較勁，不意味著對待社會邪惡、社會腐敗、職場小人的咄咄逼人就退避三舍，而是要選擇最有策略的方法，達到最好的效果。

從容淡定，意味著在大多數時候應該保持好心情，「謙虛謹慎，戒驕戒躁」，也意味著自己還有更廣闊的境界，更宏大的作為。

淡泊的人生是一種享受，一種幸福的人生，不見得要賺很多的錢，也不見得要有很了不起的成就，在一份簡樸平淡的生活中，活得快樂而自我，也是一種上乘的人生境界。

女人可以分為很多種，有的是高貴優雅的牡丹，有的是溫柔隨水的水

仙，有的是清新可人的百合……在姹紫嫣紅的繁花中，有一種花清雅淡
定，它就是蘭花。淡泊的女人就是蘭花，她們沒有一般世俗女子的虛榮，
渴望金錢、房子、車子，她們所渴望的是一顆淡泊、平和的心。她們往往
都所求不多，更不會為功名利祿所累；她們不過分苛求自己，自然也不會
為難別人。「不以物喜，不以己悲」是她們最大的優點。淡泊的女人知道
什麼是該忘記的，什麼是不該忘記的，所以，她們總能輕鬆自如地生活；
淡泊的女人知道什麼時候該清醒，什麼時候該糊塗，因此，她們可以愉快
幸福地享受人生。淡泊女人的幸福很簡單，母親倒來的一杯水，父親的一
句提醒，遠方朋友的一句問候，都可以讓她們發自內心的微笑。

淡泊的女人一定不會是冷漠的，而是善解人意、懂得情趣的。為家裡
添置一些讓家人喜歡的小飾品、出其不意地買一個自己心儀已久的禮物、
下了班專注地為家人做上一頓晚餐，週末與朋友暢快地郊遊。對待朋友和
同事也心懷一顆善良和包容的心，不動聲色地幫助別人，獲益最大的還是
自己，因為能幫助別人是幸福的。

淡泊並不是碌碌無為，不是逃避現實，也並非看破紅塵，而是在踏實
地做好本職工作的基礎上，多一份清醒、多一份思考、多一份灑脫、多一
份超然，不為過去的得失而後悔，也不必為現在的失意而煩惱，更不必為
未來的難測而憂愁。女人要認識到平淡是真的道理，時刻保持心理平衡，
逐步過渡到淡泊的心理境界，從而享受這份別樣的幸福。

● 自信的女人幸福無限

有一種顏色是用畫筆描繪不出來的，有一種女人的魅力是很難學出來
的，這就是女人的自信。自信是女人身上最耀眼的色彩。只有擁有了自
信，昂起高貴的頭，女人才可能擁有一份美麗與幸福。

　　從心理學角度講，自信是一個多角度的心理系統，是女人對自己的正面肯定和積極確認，它是透過對認知過程、動機過程及身心反應過程等若干中介過程的調節，以實現其主體作用機制的。

自信的女人有一種別樣的魅力

　　我們從她們的信心裡可以讀到她們的嫵媚生動，她們的光彩動人，也可以看到她們堅強、勇敢地面對生活中所遭遇的艱難困苦。即使非完人，但是，自信的女人能看到自身價值，看到自己的魅力，看到生活中美好的一面。

　　有人說新娘之所以是最美麗的，是因為身上的那股自信。如果一個女人做新娘的時候都缺乏自信，缺少對將來的自信，即使她這一天打扮得很漂亮，也總是缺少了一點動人心弦的光彩。而自信的新娘，因為堅信自己是最美麗的新娘，堅信自己擁有了最好的另一半，堅信自己找到了所要的幸福，堅信從此會和那個他營造一個溫馨和諧的家，這樣的堅信讓她的臉上籠罩著亮麗的光澤，成為最美麗動人的新娘；在成為母親的時候，如果一個女人缺乏自信，就會顧慮憂心，怕自己勝任不了母親這個角色，那些焦慮讓她失去了作為母親的風采。而自信的女人在成為母親時，認定自己將是個最稱職的母親，相信在她的哺育下寶寶會健康地成長，相信在自己的引導中寶寶會成為一個有用的人。這麼自信的母親，煥發出的情感是美麗動人的。

　　自信的女人總是能坦然地面對社會、面對生活所賦予她們的一切，甜也好苦也好，悲也好喜也好，痛也好樂也好，她們都有勇氣去承受、承擔，即使遇到失敗或殘缺的生活，也不會失去努力向上發展的動力。

　　一位哲人說過：「使女人年老的不是歲月，而是失去信心。」女性想

要建立自信，擺脫自卑心理，就要對自己進行客觀公正的自我評價。托爾斯泰說過：「人是一個分數式。分子是與他人相比所具備的優勢，分母則是自我評價。想擴大自己的分子，然而自己在人前的優勢往往不取決於本人；縮小分母，即提高自我評價，是每個人都能做到的。正是因為縮小了分母，人才逐漸走向完善。」

自信的女人有一種不同尋常的魅力

它可以讓女人更加嫵媚生動，更加光彩動人；也可以讓女人更堅強，更有勇氣，坦然地面對挫折。

曾讀過一首〈不要貶低自己的詩〉，詩中是這樣寫的：

妳說人生是一場戲，我沒有異議，可是我不同意，自己總是別人的配角 —— 生活的主角，永遠屬於自己。或許，妳又要跟我爭辯，我不說話，輕輕地，寫兩句詩送給妳，主角也好，配角也罷，誰沒有快樂，誰沒有哭泣。一個人啊，不要太看高了別人，也不要太貶低了自己。

然而，現實生活中卻有許多女人，總喜歡把自己貶得很低，雖然出發點有可能是為了自嘲或表示謙虛，但如果對方每次見面聽到的都是妳貶低自己的話，就會逐漸覺得和這種人見面真無趣，甚至，還會令人產生一種想法：這人可能是真的沒用。這一點即是心理學所謂的「累積暗示效果」所發生的作用。

哲人說得好，妳聽到的一切並不完全正確，也不要因他人的議論而鄙視自己，否則就會陷入自卑的「心靈監獄」。

人的「心靈監獄」千奇百怪，五花八門，但有一點是相同的，那就是所有的「心靈監獄」都是自己給自己製造的。就拿自尋煩惱來說吧，有人老是責備自己的過失，有人總是嘮叨自己坎坷的往事和不平的待遇，有人

念念不忘生活和疾病帶來的苦惱……時間一長，就不知不覺地把自己囚禁在「心獄」裡。

　　美國心理學家弗洛姆（Erich Fromm）在《愛的藝術》中說：她不一定漂亮，但一定有在眾人中被妳一眼認出的氣質。她自給自足，放縱自己盡情地享受生命的樂趣，又清醒地保持靈魂的清明。她會為一瓣花而心醉，像一棵樹感受清風，樹葉搖曳著一聲嘆息，在簡單中蘊藏著最深的宇宙。她看到了生命背後的黑暗，深知陽光與夜的交替，死亡如影隨形，但永不絕望。她本能地拒絕貪婪，她的心像埋藏了千年的蓮子，歷經滄海桑田，洞悉世事煙雲，依然會鮮活地從沙土裡開出花來。笑聲和細語如冬日暖陽，化解心中堅硬的壁壘。

　　現今社會是一個競爭的社會，所以，女人要充滿自信，要讓自信為自己插上騰飛的翅膀，在天空中展翅翱翔。當然了，這裡所說的自信不是自負，也不是剛愎自用，而是女性由於自己有專長或有豐厚的學識，所表現出來的風度，在言談和舉手投足之間散發出的美好且讓人舒服的感覺。

　　自信讓女人更加美麗，它讓妳擁有一種氣質，不管妳的外表是否真的漂亮 —— 只要妳擁有自信，妳就擁有了人生價值。

自信對於女人來說是一種很重要的特質

　　如果妳想做一個幸福的女人，那麼從此刻起，請試著挺起胸，收起下巴，目光直視前方，用最俐落敏捷的腳步去追尋生命及未來，只要做到懂得欣賞自己，快樂與滿足的喜樂就會源源不絕。

　　所以，女人們，不要當怨婦，要當自信的女人，相信自己是唯一的，無人可以代替。當妳擁有了自信，妳就會變得更嫵媚動人，妳的人生也會更美麗、更幸福。

● 女人不要太貪婪，知足才能幸福

有位名人說：「欲望越小，人生就越幸福。」這句話，蘊涵著深刻的人生哲理。它是針對「欲望越大，人越貪婪，人生越易致禍」而言的。從古至今，欲壑所葬送的貪婪者，多得不計其數，正像《伊索寓言》裡所說：「有些人因為貪婪，想得到更多的東西，卻把現在所有的也失去了。」

其實，我們每一個人所擁有的財富，無論是房子、車子、金錢，無論是有形的、無形的，沒有一樣是屬於妳的，那些東西不過是暫時寄託於妳，有的讓妳暫時使用，有的讓妳暫時保管而已，到了最後，物歸何主，都未可知，所以真正的智者把這些財富通通視為身外之物。

貪婪，是人性的惡習，貪得無厭者，終毀自己

貪往往給人造成精神上無休止的壓力，最終導致人的一生空虛度過。

有流傳著這一首〈十不足〉詩：

終日忙碌為了飢，
才得飽食又思衣，
冬穿綾羅夏穿紗，
堂前缺少美貌妻，
娶下三妻並四妾，
又怕無官受人欺，
四品三品嫌官小，
又想面南做皇帝，
一朝登了金鑾殿，
卻慕神仙下象棋，
洞賓與他把棋下，

又問哪有上天梯，

若非此人大限到，

上到九天還嫌低。

這首詩把那些貪心不足者的惡性循環寫得淋漓盡致，也道出了不知足者的悲哀。

永不知足是一種病態，其「病因」多是權力、地位、金錢等引發的。這種病態如果發展下去，就是貪得無厭，其結局必是自我毀滅。

有一個女人，她很漂亮，有很多男人追求她，但她卻喜歡上了一位平凡的教師。狂熱的戀愛，終於帶著他們走上了紅毯。丈夫對她寵愛有加，幾乎負責了所有的家務。同時，對她的任性和壞脾氣也都包容著，因為他愛她。

日子很平常地過著。有了孩子後，家庭經濟情況明顯下滑，他們的薪水除了養孩子、繳房子貸款，僅夠維持正常的生活。女人再也沒有多餘的錢買化妝品和時裝，也沒有多餘的錢去維持從前的浪漫。

她的心裡漸漸產生了不滿，看到別的女同學住家越來越大，衣服越來越時髦，她的虛榮心便漸漸滋長了，她想：憑自己的年輕和美貌，應該享受比她們還要好的生活。於是，她借來了同學的衣服和手提包，把自己打扮得光鮮亮麗，開著同學的小轎車，來到了舞廳。

在那裡，她認識了一位做大生意的老闆。於是，她的生活徹底改變了。每天出入高級賓館，高檔時裝一天一換，吃西餐、打高爾夫、開寶馬……她覺得這樣的日子，才是自己希望得到的。鄰居們見了，也都誇她時髦美麗了。出身貧窮家庭的她虛榮心得到了滿足。

丈夫知道後，沒有吵鬧，只是暗示她，只有知足的人才能得到幸福。她卻嚷道：「這麼乏味的生活有什麼值得留戀的？」她扔給丈夫離婚書便

奪門而出，搬到了情夫為她買的別墅。

　　幾天後，女人有一次高燒到不能為自己倒杯水時，給情夫打電話。但只得到這般回應：「我正在開會，妳自己叫計程車吧，去最好的醫院，費用我全出。」在車上，司機問她：「妳病得這麼厲害，都沒人陪妳嗎，誰這麼狠心？」她扭過頭去，感覺到有一種被忽略的徹骨寒心。

　　後來，情夫因為生意飛往國外，儘管她望穿秋水，但音訊全無。這樣不明身分的生活給她帶來了很大壓力。沒想到的是：一年不到，銀行卻來收別墅了，原來情夫的貸款資不抵債。她想回頭去找丈夫，丈夫早已有了一個新家。

　　這個女人的下場，非常值得人們深思。一味地追求物質生活，不知道滿足的人，終會為自己的貪婪付出代價。每個人都有自己的不幸，每個人也有自己的幸福。女人容易看到的往往是別人的幸福，並因此而心理失衡。其實知足才能常樂，當一個女人珍惜她所擁有的生活時，她更容易得到幸福。

女人知足才不會走向庸俗

　　如果妳是一個知足常樂的女人，擁有一份自由職業，沒想過要發財，也不追求大富大貴的生活，只希望一家人和和睦睦、平平安安、健健康康，妳就會滿足於生活的每一天。妳會和大多數女人一樣，逛逛商店，買幾套體面的衣服，把自己打扮得整潔又光鮮；或者，沒事時喜歡上上網，和網友聊聊天，說說心中的快樂和煩惱，聽聽網友們的傾訴；也讀讀小文章，徜徉在文章真實而感人的情節裡……。。

　　女人要懂得知足，只有這樣，才不會在歲月裡走向庸俗。念由心生，所見皆所想。心中有快樂，所見皆快樂；心中有幸福，所見皆幸福。一個

知足感恩的女人，見山山笑，見水水笑，這才是一個女人應該達到的境界。當然，知足並不是安於現狀，更不是不求上進，而是讓女人擁有一片寧靜的心境，從而贏得上進，創造希望。

知足常樂要求我們要有適可而止的精神，它並不是安於現狀、不思進取、故步自封，而是對現有的收穫充分珍惜，對目前成果的充分享受，也是對現有潛力的充分發掘，為今後的創新和進步提供平臺。理性的進取應該以知足常樂的心態為基礎。我們在生活中，往往在考慮自己並未得到的東西，而忽略了已經擁有的東西，以達到欲望的滿足。不知足導致人們往往會用不正當的手段達到人們短暫滿足的欲望，而由此伴隨地巨大精神壓力和不良的社會效應，並不會帶來「常樂」。

「知足常樂」能使人心平氣和，尤其是在遇到不公平的事和不公平待遇，心裡感到委屈、鬱悶或心理不平衡時，多想想已經得到的東西，多品味幾遍這四個字，也許很快就能使心情輕鬆平靜起來，讓心中的不愉之情，滿腹怨恨之氣，在心平氣和中悄悄釋放。

「知足常樂」能造成開導解勸的作用。記起「知足常樂」這幾個字，就會自覺丟掉許多的俗念與貪心，使自己變得更加理智與聰明，對人對事，對名對利，對錢對物，目光都能看得更遠，並使性格豁達與開朗。

「知足常樂」又似一劑心靈的良藥，很唯物，很現實，也很見效，它告訴人們一個普遍的真理：煩惱多與「不知足」有關。一些心理疾病與精神上障礙的形成，也多與一個人的氣不順、心不平、身心失調相連。若一個人能去掉過分的私慾與貪心，變得知足，就會變得情通達理、少鑽牛角尖。「知足」是「常樂」的前提，「常樂」是「知足」的結果。二者相輔相成，互為因果。

知足常樂正是一種在無窮的欲望和有限的資源之間建立平衡的力量。

其實，知足更是一種智慧，常樂更是一種境界。讓我們懷著一顆知足感恩的心，為妳現在所擁有的幸福歡呼吧！ 衝出貪慾的束縛，妳才能破繭而出，才能擁有自由的天空。

● 明天的太陽依然會升起

人生中有風和日麗，也有淫雨霏霏。悲觀的女人總是看到紅燈，樂觀的女人則總是看到綠燈，因此她才有了陽光般的笑臉，不衰的魅力，永恆的幸福。

無論生活是順境還是逆境，我們都應該保持積極的心態。有了積極的心態，妳就可以超越恐懼、自卑、膽怯；有了積極的心態，就不怕失敗；有了積極的心態，就有了進取的信念，就有了追求幸福的資本。

有人說，積極的心態猶如火焰，當陰霾蔽日之時，指給妳奔向光明的前程；有人說，積極的心態宛如溫泉，當冰凌滿谷之時，沖蕩妳身心暖融融；有人說，積極的心態好比藤蔓，當妳向險峰攀登之時，引妳向上；也有人說，積極的心態就像金鑰匙，當妳置身於人生迷宮之時，助妳擷取皇冠上的明珠。

積極的心態並不深奧，說穿了可能比一切都更淺白、更明了。積極的心態其實就是相信自己，相信勝利，相信自己所確定的目標，相信自己為達到這一目標所具備的能力。

懷疑是信念之星的霧靄，在人迷離的時候，遮住了人的雙眼；動搖是信念之樹的蛀蟲，在颶風襲來的時候，折斷挺拔的枝幹；朝秦暮楚是信念之舟的礁嶼，在潮汐起落的時候，阻止了奔向理想彼岸的行程。

任何事情都不可能一蹴可幾，法拉第（Faraday）告訴我們：「拚命爭取成功，但是不要期望一定會成功。」生活中充滿了很多變數，這些變故

並不只意味著是壞的一面，如果保持一個積極樂觀的心態，就會發現一切的不利只是表面的現象。消極因素固然存在，但是我們不在消極中迷失方向，而是堅定地相信明天一切都會好起來，明天的太陽依舊是燦爛無比，那麼就會擺脫失敗的困擾，轉身投入到歡樂的人群當中去，更不會錙銖必較地去計算今天是得大於失還是失大於得。

生命是美麗的，也是短暫的，我們應該在有限的生命當中活出無限的精彩。每一天的經歷，是組成生活的一個個元素，也是演奏出生命交響曲的樂器。當妳積極地去彈奏時，就會陶醉在如歌般的生命當中。面對自然環境，珍惜生命的人會珍惜生命賜予的點滴，發揮自身的潛能，尋找成功的切入點，積極地為明天做準備。

成功學大師戴爾·卡內基（Dale Carnegie）說過：「人與人之間只有很小的差異，很小的差異卻造成了巨大的差異。這很小的差異就是心態，巨大的差異就是不同心態產生的結果。」馬斯洛曾這樣說：「心若改變，妳的態度就會跟著改變；態度改變，妳的習慣就會跟著改變；習慣改變，妳的性格就會跟著改變；性格改變，妳的人生就會跟著改變。」有人說：「當一個人的態度明確時，他的各種才能就會發揮最大的作用，因而產生良好的效果。」態度不同會使結果不同。一個學習態度端正的學生，學習成績往往會名列前茅；一個態度明確的推銷員，可以經常打破推銷紀錄；一個態度良好的人，他的人氣指數會很高，生活會很幸福……一個擁有積極心態者常能心存光明遠景。積極心態能讓妳健康長壽、獲得財富、擁有幸福；而消極心態，則會剝奪一切使妳生活變得有意義的東西。因此，對一個生活和事業都想取得成功的人來說，心態非常重要。如果妳保持積極的心態，掌握了自己的心意，並引導它為妳明確的生活目標服務，妳就能享受到生活的優待。

　　一家報社舉辦了一次「求職成功故事」的徵文，短短 3 個月內，稿件如雪片般飛來。最後獲得大獎的竟是一篇只有幾百字的短文。組織者的評語是：這篇短文詮釋了成功和失敗往往只有一線之隔，積極的心態可以讓人的歲月生輝，消極的心態可以導致妳的生活黯淡無光。

　　有個叫琳的女孩大學畢業後，到一家跨國公司去應徵業務員，畢業於名牌大學的她非常順利地進入到了最後一輪的面試。

　　面試是由公司的總經理負責。個頭不高，微微有些肥胖的總經理有四十幾歲的樣子，一雙眼睛裡透著精明、練達。他看了看琳的資料後，說道：「雖然妳的表現很優秀，但我們仍不會聘用妳。」琳有些意外，大腦不由控制地上演各種小劇場，不過她還是清楚地意識到應該保持風度，微微一笑，說：「沒關係，我再到別的公司碰碰運氣。」

　　「年輕人，請妳告訴我，妳走出大廳會先想到什麼？」

　　面對這個已屬額外的問題，琳坦然地說：「我應該首先想一下這次面試失敗的原因，發現自己的不足，爭取下一次成功。」

　　「妳不用想了，我們決定聘用妳，我們需要善於總結教訓、承擔失敗的業務員。」

　　8 個月後，琳已經成為這家公司的部門經理。

　　琳能成功獲得公司的工作職位，完全是她積極的人生態度打動了面試官，這也正是面試官所想要的。積極心態是女人成功的首要條件，是一個人思考問題的方法。一個人如果是個積極的思考者，實行積極思維、喜歡接受挑戰和應對麻煩事，那她就成功了一半。琳的例子就驗證了這一點。

　　一位名人曾經說過：播下一種心態，收穫一種思想；播下一種思想，收穫一種行為；播下一種行為，收穫一種習慣；播下一種習慣，收穫一種性格；播下一種性格，收穫一種命運。總結為一句話就是：心態決定命

運。人的命運掌握在自己手裡，因為人掌握著自己的心態。妳會有什麼樣的命運，首先取決於妳的心態。

　　魅力女人不但會讓自己看起來很美，還會培養自己良好的心態，主宰自己的人生。當女人有了良好的心態，就能享受生活賦予的幸福，能夠承受生活的種種壓力，並有勇氣挑戰各種困難和挫折。

　　美國潛能成功學家羅賓說：「面對人生逆境或困境時所持的心態，遠比任何事都來得重要。」這是因為積極的心態和消極的心態直接影響人生的成敗。

　　積極的心態有助於女人克服困難，使她看到希望，保持上進心和旺盛的鬥志；消極的心態使女人沮喪、失望，對生活和人生充滿了抱怨，自我封閉，限制或扼殺自己的潛能。

　　生活中，失敗平庸的女人多數是心態有問題。遇到困難，她們只是挑選容易的倒退之路。「我不行了，我還是退縮吧！」結果陷入失敗的深淵。成功的女人遇到困難，仍然抱持積極的心態，用「我能！」、「一定有辦法！」等積極的信念鼓勵自己，於是便想盡辦法不斷前進，直至成功。

　　無論一個女人多麼有能力，如果缺乏好的心態，幾乎什麼事都做不成。良好心態的能量是巨大的，也是動力產生的源泉。有了它，女人就能掌握住自己的命運，實現人生的理想，在人生的道路上勇往直前。

　　狄更斯曾說過：「一個健全的心態，比一百種智慧更有力量。」女人的心態，猶如一條線，而她身上的優點，就像一顆珍珠。良好的心態會將珍珠穿成一串美麗的項鏈，讓女人閃閃發光，幸福絢麗；而一條脆弱的線，會使珍珠散落在地，沾滿塵埃，失去本身蘊藏的價值。女人要記住這一點：好心態成就幸福人生，它是女人一生取之不盡的財富。

● 得到未必幸福，失去未必痛苦

任何事情都具有兩面性，當妳獲得成功時，失去的可能是青春；事業有成時，失去的可能是健康。

出來做事，假如什麼都放不開，什麼也捨不得的話，很有可能什麼也得不到；如果妳撿起石頭之後總也放不下的話，妳的雙手就不能用來做其他重要的事情了。

希爾·西爾弗斯坦（Sheldon Allan Silverstein）在《失去的部件》中記述了這樣一個故事：

一個圓環失去了一個零件，它旋轉著去尋找。因為缺少了那個零件，它滾動得十分緩慢，這使得它有機會去欣賞沿途的鮮花，可以與陽光對話，與地上的小蟲聊天，同蝴蝶吟唱⋯⋯而這是它在完整無缺、快速滾動時無法注意、不能享受到的。但當它找到那零件後，因為滾得太快，它不能從容欣賞花，也沒有機會聊天，因而失去了所有的朋友，一切都變得稍縱即逝⋯⋯。

不是一切得到都意味著圓滿。在人生道路上，在花花世界裡，妳是否參透了失去與得到？

不要因失去而後悔、傷心，或許失去意味著更好的得到，只要妳選擇的是純潔而又美好的理想；不要為得到而沾沾自喜，或許得到代表著妳失去了更多，假如妳選擇的是虛榮而又自私的目標。無論失去或得到，只需用一顆平靜的心去面對。

得與捨的關係是很微妙的，一個人一生中可能只能得到有限的幾樣東西，而這些或這件東西可能要用妳一生的時間來換取。可是在這個世界上有那麼多人都想要東西，但那一切好像與妳無關，它對於妳只是作為一種

誘惑而出現，妳只能眼睜睜地看著別人將它拿走。因此，在這個意義上，人的一生是個悲劇。

可見，如果妳什麼都放不開，什麼都捨不得，什麼都想得到，就會活得很累，可結果終究一樣。其實，轉念一想，妳還是很幸運的，起碼在這個美好紛繁的世界上旅遊了這麼多年。所以妳看，妳是不是已經得到了許多？

參透了得與失，就不會得意忘形，也不會悲觀失望，就會用一顆平常心，一顆從容心，來面對生活、感悟生活、享受生活，獲得幸福的一生。

從前，有一個國王，他共有七個女兒，這七位美麗的公主都是國王的掌上明珠。她們都有一頭烏黑亮麗的長髮，所以，國王就送給她們每個人十個一模一樣的漂亮的髮夾。

有一天早上，大公主醒來後，一如既往地整理她的秀髮，卻發現自己的髮夾丟了一個，她四處尋找後也沒有找到。於是，她就偷偷地跑到二公主的房間裡，拿走了一個髮夾。

二公主起床後也發現自己的髮夾少了一個，也是因為沒找到便跑到三公主的房間拿走了一個髮夾；同樣，三公主發現自己少了一個髮夾，也偷偷地將四公主的一個髮夾拿走；四公主則拿走了五公主的髮夾；五公主一樣如法炮製，拿走了六公主的髮夾；六公主只好拿走了七公主的一個髮夾。如此，七公主的十個髮夾便只剩下了九個。

隔天，鄰國一位十分英俊的王子忽然來拜見國王，在閒聊中就對國王說：「我養的白鷳鳥昨天叼回了一個十分美麗的髮夾，我看了一下，這一定是宮中哪位公主的。這也是一個極為奇妙的緣分，但是不曉得是哪位公主掉的髮夾？」

國王看到髮夾確定了是公主們的，便將七個公主找來。七個公主聽到

了這件事，都在心裡想：這是我掉的，這是我掉的。但是自己的頭上明明別著完整的十個髮夾，所以內心都極為懊惱自己的做法，但是又不能說出來。只有七公主走出來說：「我掉了一個髮夾，這兩天都找遍了，但是沒有將它找出來。」

話剛說完，七公主因為少了一個髮夾，漂亮的長髮都散落了下來。王子不由得得看呆了，就決定娶七公主。不久以後，兩人舉辦了隆重的婚禮。從此兩人過上了幸福、快樂的日子。

七公主正是「失去」了一個髮夾，才得到了王子的青睞和喜愛，過上幸福的生活。其餘的幾個公主得到了美麗的髮夾，卻失去了更為珍貴的東西 —— 愛情。由此可見，失去也意味著獲得。

在漫長的歲月裡，順境與逆境，得意與失意，快樂與痛苦，無所不在，無時不困擾著我們。於是，生命裡留下了許許多多的遺憾痕跡，生活裡有了無數聲長吁短嘆。遭遇坎坷，面對困境，我們總是在利與弊之間取捨，在失去與得到的交替之中成長。

俗話說得好：金無足赤，人無完人。當妳遇到遺憾和失敗時，重要的是看妳怎樣去面對和接受這個現實，而不是低頭嘆息並任由其意志消沉。我們要走好人生的每一步，必須要有堅強的意志，腳踏實地的精神。如果妳只會一味地感傷失去，那麼妳將一無所有，只有有能力去享受失去的「樂趣」的人，才能真正品嚐到人生的幸福。讓自己承受失去的東西，也許妳會感到很痛苦，那也要自己去承受，別人是代替不了妳的。傷和痛是有的，這就證明妳已經長大了，成熟了。失去的時候，妳可以哭，可以發洩，可以找朋友傾訴⋯⋯然後，妳的世界就會充滿了陽光。

生活中，我們既要享受收穫的喜悅，也要享受「失去」的樂趣。失去是一種痛苦，也是一種幸福。因為失去的同時妳也在得到。失去了太陽，

我們可以欣賞到滿天的繁星；失去了綠色，我們可以得到豐碩的金秋；失去了青春歲月，我們走進了成熟的人生……朋友，別因為失去了而感到遺憾，勇敢地去面對，做生活的強者！

● 寧靜的女人最幸福

在物欲橫流的商品經濟大潮中，許多人都是腳步匆匆，來不及經過生命的思考，很多時候都不知道自己到底想要的是什麼。

車水馬龍，燈紅酒綠，霓虹閃爍，歌舞昇平，在這物質的繁華之中，不少人變得性情浮躁，精神空虛起來。唯有寧靜的女人，心境坦然，從容不亂。

有一位大師對他的弟子說：給妳們一顆安靜的心靈，妳們才活在自己的真實裡。大師的話難道不又是對全人類說的嗎？只有當妳擁有寧靜的心靈的時候，才會明白真實意味著什麼。一個人的時候，不妨問問自己：妳活在自己的真實裡嗎？妳的心靈寧靜嗎？如果沒有的話，請妳從現在開始，放慢妳匆匆的腳步，坐在妳生命的位置上，放鬆自己，學會享受寧靜吧！當然妳可以不選擇，只要妳認為自己活得很瀟灑！

作為一個女人，如果妳的生命不想被世俗的洪流所淹沒、吞噬，如果妳的心不想被世俗的穢物所填滿，那麼妳就必須拒絕世上一切的誘惑。當然，這樣妳可能很難做到，放棄它有時還真的讓人產生莫名的苦痛。然而，妳應該明白，那些東西帶給妳的只是暫時的快樂、暫時的獲得。生命應該活在永恆裡，而永恆的生命必須學會寧靜，追求生命的本質。做個寧靜女人，這是成為一個幸福女人的最好修養。

有一位女士，沒有選擇去外商公司而是選擇去學校任教，完全源於她喜歡寧靜的生活。這位女士既有教書的小小成就感，三個月的假期還可以

自由安排。平時安心授業，聽歌品書，寒假就在家裡寫稿，暑假開始四處行走，遇見喜歡的地方便停下來小住。

人在年少輕狂時，最愛呼朋喚友，流連酒吧，與喧囂同樂；如果走向職場，工作上也是一路狂奔，去幾個地方，換幾個職業，這就是人們所說的「朝三暮四」，可快樂卻離自己越來越遠，不知道怎樣才能使自己寧靜下來。

寧靜的女人，因為沒有了過多的繁雜之事，所以總會找尋一些賞心悅目的事來安慰自己。她們有的學了一技之長，比如刺繡、彈琴；有的養了一隅的花花草草；有的在文字中怡然穿行；也有的喜歡小烹小炒，成了一位可愛廚師。

這樣的女人往往神態凝芳，笑容淡定，舉止從容，總會帶給男人無限的遐想。他們會猜測、會揣度這個女人的心思，關注這個女人的動向，而模糊、神祕會讓相處變得奇妙異常。通常外表炫目，但靈魂一眼便可以看穿的女人，在智者看來，只是街景，不是風景。

或許，沒有經歷過波折的女人，是不能體會寧靜的內涵和厚度的。經歷過波折的女人，不是缺憾，是沉澱；而寧靜，是生命沉澱以後的一片清亮底色。一個學會寧靜的女人，一定是很幸福的。

容貌，對於女人固然重要，但它不是永恆的；而寧靜，能使女人獲得一種由內而外的迷人高貴的神韻，使女人思路清晰，步態悠閒，風情萬種。「嫻靜似嬌花照水，行動如弱柳拂風。」寧靜能使女人超然物外，與世俗環境和瑣碎事物保持一定距離。擁有了寧靜的女人便擁有了柔情、優雅、智慧。這種美是永恆的，不因歲月的流逝和年齡的增加而改變。

寧靜，不是說讓一個女人不開口說話，不說話的女人是愚笨的。女人的寧靜則是：熱烈似火，柔情似水。

　　紅顏易老，但寧靜可以撫平女人的皺紋，可以使一個平庸的女人懂得什麼是真正的美。

　　每天，當妳望著牆上的時鐘，望著四壁的牆，此刻，它們顯得這樣寧靜。掌握寧靜的女人，最能夠享受這份寧靜，在這充滿嘈雜、喧鬧的世界之內，恪守住自己。

　　如果妳是一位愛花人，妳可能會發現花的一個祕密：所有的白色素花都有著沁人的清香，而顏色越濃烈的花反而越是缺少悠悠的香氣。人也一樣，越是淡泊寧靜的樸素人生，生命越是散發悠長綿綿的芬芳。

　　過多的欲望會淹沒一個人的志向和才氣，只有洗盡鉛華，沉靜下來，擺脫對物質的貪戀，執著地去追尋，夢想才能清晰可見，引領我們達到可能的高度。

　　寧靜是幸福的極致。一顆寧靜的心對花開花落，雲卷雲舒，寵辱不驚，去留無意。達到這樣的境界，內心該是何等的快樂自在，收放自如。

　　在淡泊寧靜的滋養中，人生好比一朵雪白的梔子花，片片花瓣散發出的是無盡的素潔與幽香！

　　在如今這個繁華的、處處充滿誘惑的世界裡，太多的欲望充斥、深入著人們的大腦，鼓舞著人，也傷害著人。人們想得到的太多太多，於是就有太多欲望滿足不了的痛苦與憂鬱。為了獲取自己想得到的，人們原本純美的開始慢慢變得複雜、汙濁，甚至靈魂也開始變得醜惡。

　　功名利祿獲得的同時，人們卻早已失去了真正的自我。難道真正的人生價值必須要以名利地位為代價嗎？寧靜處世的女人最明白生活的本質，其實還是寧和、淡泊的擁有。

　　在一顆靜美的心靈中，手握一杯清茶，擁有一片陽光，風輕月圓夜，信步空庭，如水月光剎那間照遍全身，浸透肺腑，此時，心如明鏡，這是

一種境界：自然，平靜，清澈，如淡漠無痕，似空闊無邊。這是寧靜女人的一種大智。

所有的人來到這個世界上，都在匆匆地追逐著自己心中的目標，並為此付出各自不同的代價。寧靜中的女人知道，如今的不少「成功」或許已失去神聖、崇高光環的圍繞，而被世間一切的浮華所淹沒。它只是個人取得心理安慰、社會地位的一種符號。其「成功」的成本實在太高、太大，比如，忘掉親人、出賣朋友、苦苦思索、鉤心鬥角……。

擁有平和心境的女人，會將淡泊寧靜存於生活中的每個時刻，怡然自得，幸福無比。

● 用謙虛親和贏得幸福

一項題為「最受歡迎的人和最不受歡迎的人」的社會調查，結果列「最受歡迎的人」之首的是富有才能而為人謙虛的人；列「最不受歡迎的人」之首的是自命不凡、目空一切、誇誇其談的人。這項調查充分顯示出謙虛對一個人多麼重要。

日常生活中，人們慣於津津樂道自己最高興、最得意的事。事實上，即使是妳懷有最大興趣的事，有時也很難引起別人熱烈的響應，而且還讓人覺得好笑。「那一次糾紛，如果不是我幫他們解決了，不知還要鬧多久，妳要知道他們不把任何人放在眼裡，不過當著我的面他們就不敢含糊了。」即使這次糾紛確實是妳解決了，可是一句「當時我恰巧在場就替他們調解了」，不是更讓人敬佩？一件值得稱道的事，被人發覺之後，人們自然會崇敬妳。但假如妳自己不講究技巧，一味地誇誇其談，最後必然會遭到大家的蔑視。

　　美玲人如其名，身高 170 公分、俊俏的臉蛋、苗條的身材，怎麼看都是一個十足的美人，更為重要的是她還能講一口流利的英語，這也是她最為得意的資本。剛進公司的時候，上司陳娜對她很親切，但在一次跟外商談業務的聚會上，美玲出盡了風頭，她得意地用英語跟外商海闊天空地交談，並頻頻舉杯。她以她的高貴與美麗，成了整個聚會上的焦點人物，而把上司陳娜冷落到了一邊。聚會結束沒多長時間，美玲就被調到了一個不太重要的部門。

　　美玲一點不謙虛的表現，自然讓上司陳娜淪為配角。她在公共場合喧賓奪主，旁若無人地與上司搶「鏡頭」，使上司陷入尷尬的處境，上司當然不願意把這樣的下屬留在手下了。

　　一個智慧的女人，知道什麼時候該表現自己，什麼時候該收斂自己，一個收放自如的女人，一定是一個有強大氣場的女人。學會謙虛對女人很重要，正如有位賢哲所說：「人心都是好勝的，我也以好勝之心應對對方，事情非失敗不可。人情都是喜歡對方謙和的，我以謙和的態度對待別人，就能把事情處理好。」

　　有一位在一流企業擔任要職的女士榮升為經理，在就職典禮中她說道：「我一向對數字感到頭痛，所以以後還請大家多多幫忙！」

　　就這一句話，把為了迎接能幹的經理而戰戰兢兢的下屬們的緊張感一掃而空。但是，後來的情形卻恰恰相反。當下屬提出書面報告時，她一眼就看出了差錯：「這地方數字有錯喔！」她若無其事地督促其注意。這個指正其實很細微，但卻相當重要。這樣繼續一段時間的話，便會給下屬留下這樣的印象：「這經理明明說她什麼都不懂，其實相當不馬虎呢。」

　　想贏得他人的好感，就應適當地隱藏自己的實力。因此，女人應該學會謙虛。謙虛是一種好特質，它可以幫我們贏得他人的尊敬。因此，女人

在說話辦事時適當地使用謙詞敬語，可以讓妳顯得更加有魅力。謙詞是表示謙虛的言辭，一般對己。敬語是指含恭敬口吻的用語，一般對他人。常用的謙辭主要有：

「家」字一族，用於對別人稱比自己的輩分高或年紀大的親戚。如：「家父」、「家尊」、「家嚴」。「家君」稱父親，「家母」、「家慈」稱母親，「家兄」稱兄長，「家姐」稱姐姐，「家叔」稱叔叔。

「舍」字一族，用於對別人稱比自己的輩分低或年紀小的親戚。如：「舍弟」稱弟弟，「舍妹」稱妹妹，「舍姪」稱姪子，「舍親」稱親戚。

「小」字一族，謙稱自己或與自己有關的人或事物。如：「小弟」是男性在朋友或熟人之間謙稱自己，「小兒」是謙稱自己的兒子，「小女」是謙稱自己的女兒，「小人」是地位低的人自稱，「小生」是年輕讀書人的自稱，「小可」謙稱自己，「小店」謙稱自己的商店。

「敢」字一族，表示冒昧地請求別人。如：「敢問」用於問對方問題，「敢請」用於請求對方做某事，「敢煩」用於麻煩對方做某事。

「愚」字一族，用於自稱的謙稱。如：「愚兄」指向比自己年輕的人稱自己，「愚見」稱自己的見解，也可單獨用「愚」謙稱自己。

「拙」字一族，用於對別人稱自己的東西。如：「拙筆」謙稱自己的文字或書畫，「拙著」、「拙作」謙稱自己的文章，「拙見」謙稱自己的見解。

「敝」字一族，用於謙稱自己或跟自己有關的事物。如：「敝人」謙稱自己，「敝姓」謙稱自己的姓，「敝處」謙稱自己的房屋、處所，「敝校」謙稱自己所在的學校。

「鄙」字一族，用於謙稱自己或跟自己有關的事物。如：「鄙人」謙稱自己，「鄙意」謙稱自己的意見，「鄙見」謙稱自己的見解。

　　另外還有「寒舍」謙稱自己的家，「犬子」稱自己的兒子，「笨鳥先飛」表示自己能力差，恐怕落後，比別人先行一步，「拋磚引玉」謙稱用自己粗淺的、不成熟的意見引出別人高明的、成熟的意見。

　　謙虛是矜持的一種表現，是收放自如、拿捏有寸的智慧。不張揚，不炫耀，不把自己立於高高在上的位置。矜持，讓女人於姹紫嫣紅中，似一支清新淡雅的百合脫穎而出，特別清香。

　　此外，做一個謙虛的女人，還應注意以下幾點：

　　謙虛不是謙讓。要謙虛，但不能太謙讓。謙讓是一種好特質，但在社交場合中若謙讓太多，常會與很多機會失之交臂。在交際中，很多人的缺點就是太過謙讓。把好多事推給別人，常表現為「足將進而趑趄，口將言而囁嚅」的猶豫不決，這樣就喪失了很多機會。

　　謙虛不等於太多禮貌和客氣。與人來往應當注意禮貌，尤其是剛認識的朋友。但是過分的客氣卻像一道無形的牆，妨礙雙方的進一步交流。人之相交，貴在知心。

　　謙虛不等於太多自責。常檢討交際中的失誤以便及時糾正，這當然是件好事，但過分自責的話，無異於因噎廢食，作繭自縛，因為任何人在交際中都不可能完全沒有失誤，即使是德高望重的領袖人物，失誤也在所難免。當妳自責不已時，那些在場的人士或許早已忘了妳的失誤，更何況，當妳下次以新的形象出現在交際場合，且一一糾正了以往的失誤時，大家會對妳另眼相看。

第 2 堂課
努力向「錢」衝，做個幸福「財女」

有一個比喻說：「錢就像妳的員工，妳是老闆，只有想辦法讓妳的員工不停地忙碌，才會給老闆帶來更多獲利。」的確，懂得運用金錢，讓錢生錢，才能建立自己的財富王國。因此，現代女性要懂得如何花錢，如何賺錢，如何讓錢生錢，做一名精明的財經女人，保衛自己的幸福生活。

● 女人，妳幸福了嗎

幸福，我們都想得到它，都在創造它，都在為之奮鬥。有人說：「生命的終極目標是尋求幸福。」隨著時代的進步，女人對於「幸福」的定義，除了婚姻狀態的滿足，健康的身體和不錯的容貌，精神生活的富裕之外，足夠的金錢實力也是最能體現出「幸福感」的條件。

因為在現今社會裡，無論是愛情、婚姻、友情，甚至是個人理想的實現，如果沒有經濟條件支持的話，都很難實現。一個沒錢的女人，很難活出美麗的人生。

王小姐大學畢業後，擁有一份很好的工作，可是當她步入婚姻後，為了更好地支持老公發展其事業，為他解除後顧之憂，她選擇辭職在家。剛開始的那段時間，每天睡到自然醒，看看電視上上網，日子過得愜意。想想那些整日忙碌於工作中的同學，她覺得自己是天底下最幸福的女人。

可是，漸漸地她發現老公回來得越來越晚，彼此間溝通的話題也越來越少。好像他們之間有一道無法跨越的鴻溝，她卻始終找不到問題所在。直到結婚紀念日那天，她到購物中心精心挑選了一條領帶，想給老公一個驚喜，借此來緩和一下彼此的關係。可是當她坐等深夜歸來的老公，並遞上自己的禮物時，老公只是象徵性地打開禮物，然後轉身去洗澡。這讓她有些難過，於是生氣地問道：「怎麼了，不喜歡嗎？這可是我狠心花了不少錢才買的。」

　　誰知老公卻回了一句：「花再多的錢也是我賺的。」

　　聽到這句話，王小姐愣住了，她一直認為老公的錢就是自己的錢，卻從來沒有想過老公會有這種想法。那一夜她徹夜未眠，仔細地想著其中的原因。

　　第二天，她做完早餐，等老公出門後，並沒有像往常那樣瀏覽所收藏的各網拍商品，而是直奔就業博覽會。

　　辭職在家的這兩年空窗期，自然使她無法從事先前那樣的工作，就連一些私人的小企業都不願聘用她。她的求職失敗了，但她並沒有放棄，她覺得自己必須要擁有一份工作，這是她目前獲得經濟實力的唯一途徑。

　　正在她坐著公車，四處奔波找工作時，電視裡的一則消息引起了她的注意。原來，一家推銷公司正在廣招家具推銷員，要求對家具材質、規格有所了解。由於王小姐的爺爺喜歡研究各種家具，在他的影響下，王小姐對家具的材質、規格也很熟悉。結果王小姐應徵成功。雖然底薪僅有三萬元，但是每賣出一組家具的抽成卻是相當可觀的。

　　隨著王小姐每月薪水的進帳，她的生活不僅變得充實起來，而且她和老公之間的關係也越來越親密。以前都是王小姐做好飯，老公只顧吃就行，但現在，他們下班後會一起做飯、收拾，然後說一些自己在工作中遇到的問題，然後共同探討，交流得多了，感情也越來越好了。王小姐感嘆道：「女人想要過得美滿幸福，經濟實力必不可少。」

　　有位作家兼編劇曾在部落格上發表了一系列以「幸福與財富」為主題的文章。他這樣說：「我以為，幸福並不是很抽象的，它應有一個基本的基礎。作為一個努力工作的中產階級，經過漫長的尋覓後，我把幸福的基礎放在財富上。」

　　心態決定了口袋，口袋裡的自由決定了女人一生的幸福和臉上的笑

容。財富就是一把通向幸福的金鑰匙，沒有屬於自己獨立的財富，就很難
與幸福結緣。所以，女人想要幸福就要學會理財，會理財的女人一定會
幸福。

● 簡單的理財方法，出色的效果

保住家底的最好辦法就是管錢。作為一個魅力女人，管錢對她們來說
尤其重要。因為，對於男人來說，他們雖然月收入超出平常人幾倍甚至幾
十倍，但女人千萬不要忘記，妳的丈夫收入得多，但在支出的時候，他也
要花掉很多；而且在 現今這個變幻莫測的世界中，有些人今天可能收入
上萬元，但明天可能就會賠掉上萬元，甚至更多，這種現象屢見不鮮。因
此，作為女人，要懂得未雨綢繆的道理，做好家庭中的財務總管。這既是
一種生活需要，也是一種生活藝術，更是女人幸福的保證。

有一個女人，她的丈夫是一家公司的老闆，十分有經營頭腦。但丈夫
有一個壞毛病，就是喜歡花錢，所以，雖然收入很多，但家裡所剩卻屈指
可數。丈夫還常常在妻子面前說：「錢不是攢出來的，是賺出來的。」

面對這樣的情況，妻子想出了一個辦法，她對丈夫說：「親愛的老
公，我發覺自己戴一些首飾特別漂亮，而且朋友們都說我戴首飾特別有貴
族氣質。」

聰明的老公一聽妻子說出的話，馬上意識到妻子是在暗示他給自己買
禮物，於是，他爽快地說：「好，既然老婆戴著好看，那就買。」

但妻子卻說：「我不要一般的首飾，我要的是上等的東西，而且必須
每個月買三件送給我。」

老公一口答應下來。此後，每個月他都為老婆買三件價格昂貴的首
飾。看著自己的老婆戴上如此漂亮，他的心裡也十分高興。

　　然而，出人意料的是，突然有一天，他的公司由於資金困難，面臨破產的危險。丈夫愁容滿面地坐在辦公室裡，這時，妻子知道丈夫遇到了困難，於是，她把從前丈夫給她買的名貴首飾都賣了，結果這些首飾就賣了將近 2,000 萬元。然後，她將這些錢給了丈夫。丈夫看著她手中的錢，問她哪來這麼多錢，她將事情的原委講了一遍，丈夫十分感動。後來，他的公司又恢復了原來生機蓬勃的景象，但依然不變的是，他仍然每個月都給妻子買三件名貴的首飾。

　　會理財的女人有正確的人生觀，她們不但知道自己想要什麼，而且也知道自己能要什麼。這樣的女人外表可能並不美麗，但她在理財中的聰明智慧卻令人佩服。

　　生活中不管妳是有錢還是沒錢，人生活在社會裡，都應該學會為自己做財富計畫。學會理財，才能適應社會，才能為明天做好準備。

　　有些人之所以由富變窮，其原因就是缺乏理財知識，盲目地與別人比較，消費時未考慮到自己的收入來源。本來生活不錯，卻因理財失誤變回貧窮，其教訓是十分深刻並值得引以為戒的。

　　經驗告訴我們，在許多時候，理財上一個小小的計畫可幫助我們更好地享受財富帶來的快樂。計劃就是讓妳善用金錢，哪些地方該花錢，哪些地方不該花錢，要心理有數。

　　理財並不僅僅侷限於金錢上，賺的錢越多就越會理財，這種思想並不是真正的理財思想。理財是一個全面的概念，從家庭的柴米油鹽到婚喪嫁娶，從子女的教育到父母的養老安排，從家庭的重大投資到家庭的安全保障等，用有限的錢財收到最大的效用才是理財的真諦。男人也許會成為家庭經濟的支柱，但讓這根支柱常新的卻是女人。為此，女人一定要學會理財。

　　管好妳的物欲。完全被「物欲」支配的女人，可能會做出非常愚蠢的事情來，而魅力女人絕不會讓金錢支配自己的生活。在充分利用金錢帶來的便利時，不要總渴望那些超出自己實際承受能力的物質享受。對手中的錢要做到心理有數，量力而為，合理安排自己和家庭的支出。

　　每月定期存款。領到薪水後的第一件事就是去銀行把薪水中的一部分存成定期。至於百分之多少，就自己掌握吧，但別少於 10%，否則這件事就沒意義了。

　　少用信用卡。如今，越來越多的女人開始偏好信用卡，迷戀那種刷卡的感覺，不知不覺就嚴重透支了。如果妳想縮減支出，那麼停止刷信用卡吧，盡量使用現金付帳，這樣妳就會有「心疼」鈔票花出去的感覺，也就能多為妳的金錢水庫存些水。

　　交朋友要謹慎。朋友的消費觀念很大程度上影響著妳的消費觀念，如果妳的好朋友追逐名牌，妳也會慢慢對名牌產生興趣，以致每個月都會出現財務赤字。

　　超前消費要謹慎。信用卡分期付款，向銀行貸款買車買房似乎成了現代人的一種消費潮流。這樣雖然得以提前享受用、住、行的便利，卻讓自己陷入了長期負債的窘境中，從此在債務壓力下生活。因此，在妳決定借錢之前，最好要估算一下自己的財務情況，不光要考慮現在，還要考慮未來。

　　選擇淡季旅遊。如果妳有出遊計畫，儘早提前訂機票。要知道，現在的機票打起折來可能比火車票還便宜，只要早作打算便可讓自己輕鬆省下一筆錢。如果時間允許，不妨在淡季旅遊。季節和風景依然不錯，但價錢卻比長假期間便宜至少 20% 以上。

　　節省電費。如果有可能，把所有的家電都換成節電型的。那些節能電

冰箱、節能空調、節能洗衣機、節能馬桶，雖然買的時候價錢稍微偏貴，但是卻能為妳省掉更多的電費。怎樣更划算，不用說妳也知道了。

不要打腫臉充胖子。請客吃飯不要耍大牌，除非妳真的是大牌。所以，與朋友小聚不如去經濟實惠的小旅館，那些豪華的酒店不是妳彰顯氣質的地方。如果條件允許，可以把朋友請到家裡，這樣妳可以去超市買酒水。如果不得已要外出吃飯，吃不完一定要打包，可以當做第二天的午餐，浪費才是最可恥的。

購物的小訣竅。不要在飢餓、憤怒、月經前期逛街。女人在情緒不好，缺乏理智的時候，是不會考慮到錢包的。洗髮水、香皂、洗衣粉等等，能買「家庭號」的就買家庭號，省錢又省多次購買的時間。如果超市有免費的會員卡、集點卡，辦一張沒壞處，記得隨身攜帶。

還有，在去購物中心或者超市之前，要確定自己買什麼，要列出一個清單來。不要看到一雙靴子特價就毫不猶豫地買下來，以為占了很大便宜，卻沒有想到自己鞋櫃裡的靴子已經 10 雙有餘了。不要過於頻繁地去購物中心，如果可能，一週去一次就足夠了。

「需要」還是「想要」。女人購物往往很衝動，自己想買什麼就買什麼，甚至有時都不是自己想買的，僅僅是覺得便宜或經賣家的愚弄，就匆匆掏錢包買下。其實這是不明智的。在購物時，我們應想想要買的東西是自己「想要」，還是自己「需要」。如果是「想要」那就不一定要買，如果是「需要」那就可以買回去。

減少美容次數。如果妳剛滿 25 歲或者皮膚比較薄，不要輕信美容師所謂「每週一次，皮膚護理效果會更好」的理論。根據自己皮膚狀況，適當將護理次數由一月 4 次減少至 3 次，甚至 2 次。這樣不僅對皮膚更好，每月還可省下不少錢。

　　少去咖啡店酒吧。不要沒事就去咖啡店、酒吧品情調，妳完全可以在家裡自製咖啡，也完全可以自製情調 —— 放自己喜歡的音樂，翻一本喜歡的雜誌或者小說。或者在空閒的時間報名補習班，比如妳小的時候一直想練書法或者學習畫畫。妳還可以去學一門語言、學雕塑等等，這不僅會增添妳的知性魅力，而且沒有時間去亂花錢。

　　其實，節省就是這麼簡單，如果妳養成了習慣，會發現這還是一門學問，一門非常有趣的學問。

　　所以，作為女人要知道，女性已不再是只會花錢的，沒有大腦的代名詞。如今，女性理財已是一種趨勢、一種潮流。這是女性智慧的體現，也是女人享受金錢的態度。因此，作為成功男人背後的女人，妳的工作就是使自己變成理財高手，好好處置丈夫賺回來的錢。

　　如果把家庭比作一個企業的話，丈夫一般是董事長的角色，日常經營活動要由妻子 —— 總經理操持。如果夫妻雙方都只能當董事長而不能勝任總經理，要不是總會有一方去尋找新的總經理，就是雙方一起破產。

　　因此，女人就要會理財。如果妳是一個善於理財的女人，那麼，妳就是一個有品味的女人，因為妳懂得量入為出，精打細算，把日子過得津津有味、井井有條，還能累積下穩定的財富，全家人都輕鬆自在。這種當家理財的女人會成為一個家庭的核心，成為丈夫的堅強後盾。

● 把錢花在該花的地方

　　「努力賺錢就是為了更好地享受生活」，這句話沒有錯，但是有許多人卻錯誤地認為只要我想，錢多錢少都不是問題。觀看許多人花錢「隨心所欲，跟著感覺走」，一時興起，說花就花，可花了之後呢？不是大呼不值，就是要為此付出更多的代價。

　　人們提倡超前消費，這是一種積極的生活態度，可是有些女性朋友不管自己的經濟狀況如何，貸款買房，貸款買車，導致自己一下子陷入了經濟困境，使自己長期處於還貸的壓力之中。

　　王潔在一家公司擔任出納，月薪 13,000 元，吃住在父母家。為了購買一輛價值約 55 萬元的名車，她節衣縮食地賺錢，支付了 31 萬元的首付款。這是一筆 4 年期貸款，也就是說，王潔每個月要還給金融公司 5,000 元。當第一次把 5,000 元的錢交出去時，她的確有點難受。但是，當她開著轎車上路，看著那些在公車牌下等車，擠在公車上不能動的人們時，她的難受感覺完全沒有了。當她的朋友們誇她的車漂亮時，她還會湧出一種自豪感。

　　可是，沒幾個月，車尾上有了刮痕，地毯上有了汙漬。為此，她不得不常出入於洗車廠和修理廠。油價的不斷上漲也使她有些力不從心，時時還要為下個月的付款而擔憂。為了負擔這輛車及其花銷，王潔不得不兼職，這讓她失去了大量的休息時間。

　　等到 4 年後，她終於付清了貸款，但開著車的王潔感覺不到任何的自豪，因為此時的車子已經是汙漬斑斑，引擎也嗡嗡作響。如果轉賣這輛車，估計只能賣 130 萬元，也就是說，王潔的車花了 41 萬元。而這還不包括分期付款的利息，以及養車所花費的各種稅金、保險費、油費和維修費等。

　　反觀另一個女孩何娜，她同樣也在某公司擔任出納，且月薪水為 13,000 元，吃住在父母家。但她卻只是用自己賺的 22 萬元買了一輛二手的長安鈴木，因此，她就能每月投資 4,000 多元到一支股票型基金，而不必支付汽車貸款。

　　4 年後，當王潔還在為支付她最後一期汽車分期貸款時，何娜投資的

股票基金已經讓她擁有了約35萬元的資產，她仍然在開長安鈴木上下班，但她從來不用擔心車身上的刮痕和汙漬，因為這只是她的交通工具，而不是一項投資。

因此，當王潔仍在父母那「啃老」時，何娜已經有了足夠的錢來支付自己房子的頭期款，並搬出了父母的房子。還因為她把其中的一間留做自用，其餘兩間出租出去，每月還能收到一筆不小的出租費。

由此可見，有計畫地管理錢財，錢財就會像流動在一條規範化的管道裡，直奔它的正常用途，沒有經過計劃的錢財，如同潑在地上的一盆水，向四面八方流去，很快就消失在沙土裡了。

美國財政預算專家愛爾茜・史塔普里頓夫人曾說：「使很多人感到煩惱的，並不是他們沒有足夠的錢，而是他們不知道如何支配手中已有的錢！」上文中的王潔就是因為不知如何支配手中已有的錢才使自己陷入了如此狼狽的境地，而何娜卻因為合理地支配了自己手中的錢財，不僅解決了自己的住房問題，還使自己的資產不斷升值。所以，女性在花錢的時候，不能一味地追求享受，而應考慮這個物品的性價比，考慮它是否會給妳未來的生活帶來更大的利益。

那麼到底如何做一個聰明消費的女性，既可滿足購買欲，又不致花費過度呢？

列出清單。當女士到超級市場或是百貨公司購物時，看到什麼有興趣的，都會不知不覺地放在購物籃內，而真正需要買的，可能只是其中的一兩件物品。所以，解決此問題的方法便是列出購物清單，不但可以避免漏買東西，又可減少買了無謂的東西。

減價才出手。這個也不需詳述，因為很多女士都有到減價時才出擊購物的習慣。精明的消費者在這期間購物確實省下不少錢。

去熟的購物地點。日常用品可到一些平價店購買，通常這些地方都以批發價出售物品。經常光顧某幾間商店，與它們的老闆混熟，日後購物可能有額外的折扣呢！

大膽議價。很多現代女性對議價十分抗拒，因為這被視為「老土」的舉動，但若物品不實用又很想買時，不要放過議價的機會。因為往往可以省下不少錢。

利用商家宣傳單。這是一種利用報紙宣傳單上的廣告，去刺激消費的方法。這些廣告上通常都有折扣印花，用這些印花去購物，又是一種節省開銷的好辦法。

分期付款。在購買大的物品時，不妨考慮分期付款。一部分分期付款是免息的，或是超低息的，它的好處是不需要一次拿一大筆錢出來，但又可立即得到自己想要的東西。

不要強行追趕潮流。剛上市的產品，價錢通常都會很高，因此若過度地追隨潮流，只會苦了自己的錢包。

總之，魅力女性要學會聰明消費，對於能給自己帶來歡樂又必要的東西，一定不要吝嗇錢，對於那些不值得買的東西，則是該節省就要節省。一句話，把錢花在該花的地方。

● 妳今天團購了嗎

現今，「妳今天團購了嗎？」已經成為很多女性的口頭語，也成了一個人是否時尚的標準。美容美髮、小零食、化妝品、各式餐廳，都以便宜的名義充斥在妳我的生活裡，尤其是那些想都沒有想過的東西，也進入了人們的生活圈。

麗娜就是一位團購達人，每天打開電腦第一件事就是瀏覽自己收藏的各大團購網站的今日團購，然後看準目標，就點擊下單。當她把自己團購來的巧克力分享給同事，當知道原價 400 元的瑞士蓮巧克力竟只賣 200 多元時，同事們大呼著自己也要去團購。有時，麗娜還會根據自己所在的地理位置，選擇一些餐廳或者電影票，等到休假就會和男友一起去。冬天時，麗娜團購了一個暖暖包送給了老媽，使得街坊鄰居見了她直誇孝順……輕鬆愉快的團購，不僅使麗娜的生活豐富多彩，更為她省下了不少錢。

團購給我們的生活帶來了不少優惠和幸福，但每天當各式消費的資訊都按時傳進妳的郵件、手機時，也搶奪了妳包包裡的錢。不論妳是原本想花，還是原本不想花，便宜的價格都會促使著妳去買更多的物品，花很多冤枉錢。甚至，有時候打開抽屜一看，團購的美容體驗卡、美甲體驗券都早已過期無效了。

由於團購是一種新興的消費方式，對於網路團購，我們目前還沒有相關的規則來約束它，因此，詐騙案例也屢見不鮮。例如，建材、家具等產業的產品價格缺乏透明度，有的商家暗地中拉高訂價再打折，這樣消費者就會很快上鉤；也有一些網路團購是由隱藏在背後的商家發起的，使得團購變相地成為了一種促銷；再加上有些網路團購的售後服務不完善等問題，因此，女性朋友們在參與網路團購，尤其是購買一些大型商品時，一定要諮詢律師或其他相關人士，以避免不必要的麻煩。

總之，網路團購也有許多陷阱，女性朋友們在選擇團購以獲取優惠價格的同時，對團購平臺的選擇應多一點謹慎，從而避開團購中潛在的問題，享受物美價廉的消費，為此，團購產業專家給出五大建議，確保團購無憂。

　　網站口碑是關鍵。對於團購消費來說，選擇口碑好的團購網站可以避免很多不必要的風險。一方面，這類網站通常很重視名譽的維護，會極力避免消費糾紛帶來的自身名譽受損；另一方面，這類網站往往擁有強大的技術平臺支持，以便應對大量客戶，消費者不用擔心因系統問題帶來消費風險。

　　商家口碑嚴審查。儘管一些知名的團購網站在商家審核上已經有了十分嚴格的程序，但消費者在選擇團購商家時，進行進一步的審查還是非常有必要的。消費者可以透過詢問身邊的親朋好友，也可以充分利用網路查詢相關商家的評價、評分，如果發現其中一些商家口碑不佳，最好不要參與其團購。

　　細讀說明無遺憾。在決定購買之前，還需要仔細查看團購介紹，例如，消費地點、消費流程、營業時間、是否需要預訂、娛樂項目中的注意事項等商品說明以及限制條款等團購說明，做到瞭然於胸，避免因盲目衝動造成不必要的困擾。

　　網站保障最給力。如果網站知名度和商家口碑兩關都順利通過，那麼在團購前還有最後一項相當重要的工作要做：認真研究該團購網站的消費保障。某團購網站曾在經歷了一年的探索之後，率先提出了一整套「團購無憂」保障系統，即 7 天未消費無條件退款、消費不滿意就買單和過期未消費一鍵退款三項政策，這項保障系統也獲得了各大團購網站的紛紛跟進，消費者在參與團購時最好選擇有「團購無憂」保障系統的網站消費，這樣才能最大程度確保團購無憂。

　　貨比三家再下單。當妳相中某一物品時，即使團購的廣告已經很誘人了，也要再一次貨比三家，無論是價格、特質、團購網站的信譽、團購描述中的特殊消費條件、期限，保護自己的消費利益。

● 省錢比賺錢更重要

　　財務成功的途徑有兩個：一個是減少開支，一個是增加收入。如果妳夠聰明，就應該雙管齊下。但很多女性從來沒有意識到要節省，每個月領到薪水，逛一次購物中心就花掉一半，去兩趟超市又刷掉剩下的一半，結果連下半月的生活費都成問題，不得不向老爸老媽要求援助，或者向身邊的男人伸出玉手……。

　　其實，對於大多數人而言，少花一塊錢要比多賺一塊錢容易得多。這也就說明了，節儉比賺錢更容易。但對於現今的許多女性，可能是從小就大手大腳慣了，要養成節儉的習慣有些難，也有一部分女性不懂節儉，是因為害怕節儉會降低自己的生活品質，讓自己在朋友面前抬不起頭。

　　呂冰是名牌大學的碩士生，畢業後在一家外商企業工作，每個月的收入近七萬，在臺南算得上是高薪一族了。可是她的日子並沒有別人想像中的富足，而是越來越拮据。

　　由於自己是名牌大學畢業，且是碩士，於是總想著要勝過別人，自然穿戴方面也要比別人好。所以她買的衣服大都上萬，再加上工作的地點和住的地方都是鬧區，所以一有空就逛街，看到喜歡的東西就止不住花錢的欲望，結果總是讓鈔票被刷卡機「吃掉」。

　　再看她的房間裡，經常放著一堆用不完的化妝品和換不完的衣服、飾品。

　　很多時候，我們的錢就是這樣被無意中浪費掉的。所以，我們提倡節省，就是要進行理智、健康的消費，適度提高生活品質，杜絕盲目消費。其實，要做到這一點，只需我們稍加控制日常支出就可達到。下面有一些減少支出的小方法，對妳會有一些幫助：

★ 開列購物清單，並索取收據或發票，便於分類，還可能獲得額外的獎勵。

★ 更換最實惠的通訊服務。弄清楚室內電話和手機的通訊營運商的資費規則，比較出最實惠的一種方案。

★ 檢查所有的帳單，看是否計算有誤。人人都會犯錯誤，要求妳付帳的人也不例外，錯誤可能是無意的，也有可能是有意的，所以要睜大眼睛。

★ 如果有東西只用幾次就不會再用，那妳最好向朋友借或租用。

★ 將不用的東西分類，賣給不同需要的人。把東西放到二手市場都比隨意扔掉要好得多。

★ 最好在家裡用餐，因為出去吃一頓飯的錢可以在家裡吃好幾天。

★ 收集購物優惠券。

★ 留意購物中心的促銷活動。

★ 不要過於依賴名牌，要清楚我們的自信來自於穩定的財務狀況，而非名牌服飾或用品。

★ 警惕「方便」食品，它們既昂貴又不利於健康。

★ 購物時要貨比三家，慎重選擇。

★ 不要經常買樂透，因為妳被雷擊中的可能都比中獎的可能大。

★ 每天拿出一個硬幣扔進妳的存錢筒。

★ 在手機上設置通話時間提示，以此來縮短每次通電話的時間。

★ 不要把 50 元以下的零錢放在錢包裡，每次回家後把它們扔進存錢筒。

★ 在冬天買夏天的東西。過季的商品常常並沒有品質問題，而價格真的便宜很多。

★ 不要一看見便宜貨就衝動購物，如果買回一大堆不需要的便宜貨，既浪費又占空間。

★ 盡量坐公車，同時隨身攜帶一張悠遊卡。因為刷卡常常比投零錢更值錢，叫計程車就更貴了。

★ 選擇網上充值電話費，因為在網上有折扣。

★ 適時選擇團購，因為團購的商品要比超市裡的便宜很多。

總之，妳必須牢記：減少不必要的開支就等於增加了收入！但值得注意的一點是：我們這裡所說的「省」，並不是要我們為了存錢，而頓頓吃從超市裡買回來的泡麵，或者是天天剩菜饅頭，而是要我們控制好自己對錢財需求的底線。該省的錢一分都不能浪費，不該省的錢一分都不能省。

● 別讓金錢妨礙了妳的幸福

蘇霍姆林斯基說得好：「只有當財富為人的幸福服務時，它才算做財富。」金錢不等於價值，只有當它為人的幸福服務時，才是有價值的。

錢不是萬能的，但沒錢是萬萬不能的。文明的社會以足夠的錢保證每個人都能確保自己的收入，如此就能知道確保收入是多麼重要了。大家能賺到適當的錢，的確是很重要的關鍵。但千萬不要成為金錢的奴隸，而應該明白賺錢是為了活著，但活著絕不是為了賺錢。假如人活著，只是把追逐金錢作為人生唯一的目標和動力來源，那人將是一種可憐的動物。所以，我們不妨放鬆一下自己緊繃的神經，享受自得其樂的感覺，細細品味一下人生。人生有太多美好的情趣，不能被一種賺錢的模式所代替。

一個歐洲觀光團來到非洲一個叫亞米亞尼的原始部落。部落裡，一個女孩穿著白袍，盤著腿，安靜地坐在一棵菩提樹下做草編。草編非常精緻，它吸引了一位法國商人。他想：要是將這些草編運到法國，巴黎的女人戴著這種小圓帽和提著這種草編的花籃，將是多麼時尚、多麼有風情

啊！想到這裡，商人激動地問：「這些草編多少錢一件？」

「10 比索。」女孩微笑著回答道。

天哪！這會讓我發大財的。商人欣喜若狂。

「假如我買 10 萬頂草帽和 10 萬個草籃，那妳打算每一件優惠多少錢？」

「那樣的話，就得要 20 比索一件。」

「什麼？」商人簡直不敢相信自己的耳朵！他幾乎大喊著問，「為什麼？」

「為什麼？」女孩也生氣了，「做 10 萬件一模一樣的草帽和 10 萬個一模一樣的草籃，它會讓我無聊死的。」

商人還是不能理解，因為在追逐財富的過程中，許多人忘了生命裡金錢之外的許多東西。或許，那位「荒誕」的亞米亞尼女孩才真正領悟了人生的真諦。

人們想發財，想多賺一些錢，想使自己的生活品質更高些，這本無可厚非，這是人的自然的、正常的欲望。只要取之有道、取之合法，不僅應該鼓勵，社會還應該為人們創造更多的條件予以幫助滿足。

快樂並非要有很多錢，這樣說，並不是想勸告大家都滿足目前的生活水準，不要再去賺錢了，而是希望大家把錢不要看得太重，過於追逐。財富心是否太重，並不是依據一個人的財富數量來推斷的。一個收入較少的人並不一定就意味著他的財富之心很淡薄。相反，一個富有的人也並不一定就像巴爾扎克筆下的老葛朗臺那樣視錢如命，把錢看得比親情更重。

相信很多人都有這樣的體悟：發財的欲望越強，隨之產生的煩惱就會越多。

發財欲望過強的人，其心理很容易被「貪」字占據優勢地位。「貪」

字是痛苦煩惱的根源之一，也可以說是禍害的根源之一。有些人為了圓自己的發財夢，去騙人、害人，去損害人民的利益，去觸犯國家的法律，最後走上自我毀滅的道路。

許多人在賺錢之初，並沒有想過這一生賺錢的目的何在 —— 是自己消費，抑或留給後代？或是施捨給慈善事業，造福於社會？妳若去問他，大多數人的回答一般都是「不知道」。

在社會一致認同「賺錢很重要」的現實下，人們便開始了一生忙忙碌碌，早出晚歸、拚命賺錢的生活。殊不知不管賺多少錢，都是絕不可能帶到下一輩子的。

許多人一生忙於賺錢，到最後卻忘了或根本就不知道賺錢的初衷，將手段變為目的，拚命賺錢，不懂得如何利用金錢使自己更幸福、更快樂、更健康，也不懂得回報社會，最後變成了金錢的奴隸，變成了一個十足的守財奴。

錢只是一個橋梁，而並非最終的歸屬。如果單純地為錢而活的話，即使妳是億萬富翁，在心靈上，妳也是個貧乏者。生活本身就應該是富有情趣的，不懂得生活的人就談不上成功。

我們不應忘記：錢是實現人生目標的手段，不要將手段變成目標，一味追逐金錢。懂得用錢，才能成為快樂的富翁。年輕時賺錢、省錢；中年時要好好管錢；年老有錢之後就要懂得花錢，用金錢來充實自己的晚年生活。總之，要讓自己的財富用得其所，不讓擁有的財富無謂地耗費或遭受不必要的損失。

●「月光族」也能翻身做「地主」

鄭智化有一首《蝸牛的家》，歌詞是這樣的：

密密麻麻的高樓大廈，找不到我的家，在人來人往的擁擠街道，浪跡天涯；我身上背著重重的殼，努力往上爬，卻永永遠遠跟不上飛漲的房價；給我一個小小的家，蝸牛的家，能擋風遮雨的地方，不必太大；給我一個小小的家，蝸牛的家，一個屬於自己溫暖的，蝸牛的家。

看了這段歌詞，妳是否感覺到這是在說自己呢？我想也許很多人都會有同感，近幾年來，房價一直居高不下，而且呈現穩定成長的趨勢。所以，一部分人，尤其是 80 後，都談房色變，當然，對於很多買不起房，或者買房困難的人來說，這更是一種真實的寫照。

但金蟬可以脫殼，毛毛蟲可以變蝴蝶，質樸的蛋殼也可以變得很華麗。在如今的社會，沒有什麼不可能的。沒有房子的月光族女性，只要謀劃著蝶變，一樣可以改變身分，讓自己成為一個中產階級，自如地享受現代生活。

房子是一種生活中的必需品。月光族翻身做「地主」時應注意以下重點，否則妳是剛出「狼窩」又進了「虎穴」，「地主」沒做成反倒成了「房奴」。

月光族要掌握自身資金狀況，確立理財目標，逐漸儲備，積少成多。工作幾年下來，也能打下一定的買房經濟基礎。

月光族買房時，應拋棄必須一步到位的思想，根據自己的實際情況靈活選擇。尤其在選擇貸款方式時，不宜過分要求年限短，或急著想儘快還清貸款，而過分壓縮日常生活開支，降低原本應該保持的生活品質。

● 用 ATM，多一點謹慎準沒錯

　　女人要理財，自然少不了與銀行打交道。可是面對著銀行裡從櫃檯排到門口的長隊，許多人為了節省時間或者遇到急事時，就會選擇比較省事的 ATM 來辦理業務。但是 ATM 卻存在著許多陷阱，許多不法分子就是利用 ATM 盜取錢財。

　　張小姐急需一筆錢，跑到某銀行的 ATM 上取款，可訊息提示她金融卡沒有餘額。隨後，張小姐又跑到直營門市領錢，卻被工作人員告知，金融卡上的錢已被人取走。於是張小姐給老爸老媽打電話詢問是否取走了她的錢，答案卻是否定的。那麼前不久才存進去錢到底去哪裡了呢？

　　於是，銀行工作人員給張小姐影印了交易明細，其上清楚地顯示，她金融卡裡的錢，被人在另一部 ATM 分 4 次全部取走了。銀行工作人員再次告訴張小姐，她卡中的錢可能被人盜取了，提醒她趕緊向警方報案。

　　警察透過對 ATM 機錄下的圖像進行分析，確認作案的是 3 名穿黑衣服的男子，監視器畫面記錄下了 3 人是乘坐一輛小轎車流竄作案的。警察根據現場留下的少量訊息，綜合周邊，乃至全國各地類似的案件，進行了訊息研判，最後確定一夥人具有重大作案嫌疑，偵查人員隨即對這夥人展開追捕。最終將犯罪嫌疑人一舉抓獲，當場查收了作案工具和作案車輛。

　　經查這夥人都只有國中學歷。他們在老家聽人說偽造銀行卡可弄到錢，便每人拿出 17,000 元，共花近 89 萬元買了一套作案設備。他們作案時，先在銀行 ATM 機上安裝讀卡器和針孔攝影機，當受害人在 ATM 機上進行業務操作時，讀卡器和針孔攝影機就會記錄下銀行卡訊息和密碼，他們隨後對銀行卡進行複製，利用掌握的銀行卡密碼異地提取現金。

　　銀行 ATM 機、刷卡器多由專業公司製造，鍵盤等多是內嵌式設計，

如果有外設裝備、外裝卡槽等，包括鍵盤有薄膜，都屬不正常，應盡量不操作或請銀行的人員確認後進行。因此，我們在使用 ATM 機時應多一點謹慎，仔細察看一下，看看是否有附加裝置，或者有偷窺裝置，即便發現沒有任何異常，也應遮住鍵盤再輸入密碼。出現吞卡或不能操作等情況，應打出憑條，並站在原地不動呼喊銀行人員前來幫助。李女士就是因為謹慎而避免了一場損失。

　　一天早晨，李女士欲在一臺 ATM 機上取款 8,800 元。當李女士完成取款操作程序，正想在出鈔口拿錢時，卻發現出鈔口處有一塊長約 24 公分、寬約 9 公分左右的黑色塑膠擋板，將吐出的錢擋在了板內。看到 ATM 機上張貼的「自動櫃員機安全使用須知」，李女士便撥打了上面的客服電話，將情況向「客服人員」反映。「客服人員」告訴李女士，可以放心離開，只要等到銀行開門時，到銀行櫃臺辦理相應手續即可。李女士告訴聞訊趕來的丈夫，已撥打過客服電話，便拉著丈夫要離開。總覺得這塊擋板有些古怪的丈夫，執意打電話找來了銀行的工作人員，才發現這臺 ATM 機真的是被人做了手腳。

　　原來，這塊嵌在出鈔口上下兩槽中的黑色擋板，由於帶有一定的弧度，而 ATM 機在吐鈔時帶有一定推力，導致吐出的錢款卡在這個弧度中，而沒有發生因超時未被取款被 ATM 機自動吞回的情況。

　　後經監視錄影發現，昨晚 11 點鐘左右，一個身穿黑色連帽風衣的年輕男子，在該分理處的兩臺 ATM 機上安裝了黑色擋板。

　　試想，若不是李女士丈夫謹慎，那麼李女士那 8,800 元可真會被賊給「吞」了。所以，無論何時，在使用 ATM 機時都應多一點謹慎，發現任何異常，都應及時和銀行聯繫，不給犯罪分子留下任何犯罪的空間，防止自己的財產意外流失。

● 別讓閒錢打水漂

　　有一位智者說：「只要妳在銀行裡有存款，即使數目不大，也是令人興奮的事情。」其實這句話說得很有道理，因為當我們在存錢時，我們意識到自己正在一步步地跨入有錢人的行列。

　　可是很多女性卻未能享受到這種跨入有錢人行列的幸福感，反而讓自己的錢財打了水漂。為什麼這麼說呢？

　　細察我們周圍的許多女性，尤其是一些比較年長的女性，她們習慣把錢藏到自以為安全的地方，有時時間一長，自己也忘了藏的地方，或者被家人當成垃圾給扔了。結果不少人因此而吃了虧。

　　比如，李女士平常都把自己省下來的錢藏在一雙多年不穿的舊雨鞋裡，並在錢上蓋上鞋墊。清明節回娘家掃墓，李女士從中拿取了 2,000 元，剩餘的 5,000 元仍藏在舊雨鞋裡，可是等到她掃完墓回家時，卻發現那雙舊雨鞋不見了。原來，丈夫趁李女士回娘家掃墓時，做了一次家庭大掃除，看見那雙雨鞋已經舊了，留著也不穿，所以順手扔進了垃圾桶，藏在雨鞋裡的 5,000 元也因此而打了水漂。

　　像這種把錢放在自認為保險的地方，最後卻打了水漂的事，在我們的周遭時常發生。有一部分女性是因為沒有樹立起儲蓄的概念，另一部分女性則是覺得都是一些小錢，存銀行太麻煩，其實這些都是錯誤的。錢再小也是錢，若放在家裡不僅沒有利息，還有打水漂的潛在風險，但若存進了銀行，即使是再小的錢也會聚沙成塔，為妳的財富人生添磚加瓦。

　　此外，還有一種比存銀行更好的方法，那就是讓閒置的金錢運動起來。馬克思談到資本的時候，曾說過這麼一句話：「它是一種運動，是一個經過各個不同階段的循環過程，這個過程本身，又包含循環過程的三種

不同形式。因此,它只能理解為運動,而不能理解為靜止物。」

資金只有在不斷反覆運動中,才能發揮其增值的作用。經營者把錢拿到手中,或死存起來,或納入流通領域,情況大不相同。經營者完全可以把錢用來開工廠、商店,或是買債券、股票等,把「死錢」變成「活錢」,讓它在流通中為之增利。

王小姐20歲時,在臺灣大學就讀。在那一段日子裡,跟她年紀相仿的年輕人都只會遊玩,或是閱讀一些休閒的書籍,但她卻是苦讀金融學,並跑去翻閱各種保險業的統計資料,當時她的本錢不夠又不喜歡借錢,所以買入的股票總是放得過早,轉購其他股票。儘管因為資金少不能收放自如,但是她的錢還是越賺越多。

畢業後,她如願以償到一家外商公司任職,兩年後她向親戚朋友集資,成立自己的公司。該公司資產增值30倍以後,三年後,她解散公司,退還合夥人的錢,把精力集中在自己的投資上。

為了確保資金的安全,女人在讓金錢運動起來的同時,必須掌握一定的原則,懂得投資的具體策略。

量身訂做投資策略

策略是一個大的方向,應該向哪一條路前進,中間的細節反而在其次。每一個人的投資策略都不盡不同,因為每個人的背景與其他人並不相同,所以投資策略也應該量身訂做。

投資理想的策略

制訂了投資的整體方向之後,比如資金的 1/3 放在藍籌股、1/3 放在其餘的投資。要考慮已投資的工具,應該用什麼策略去達到理想的成果。

策略是臨場的應變方法比如，股票突然狂跌 3,000 點，妳應該怎樣做？已訂下的整體方針：將 1/3 資金投入藍籌股這是大的方針，是一種策略，但臨場隨機應變，怎樣去做，卻值得三思，這又是一種策略。

永遠考慮風險

切勿將風險這兩個字拋諸腦後。有時市場千變萬化，妳可能也因為市場的風高浪急，大有所獲，時勢造英雄，突然在很短時間之內賺到一大筆錢，但切勿因為容易賺錢，而使自己過度貪心，忘記了市場永遠都有風險存在。避免投資過度，以免一旦市場出現風暴，被殺個措手不及，由賺變虧，甚至有些人會因此一夜之間傾家蕩產。

儲蓄第一筆錢

投資，風險必定會有，如果全無風險卻又肯定能賺的話，恐怕傻瓜都可能是富豪。即使儲蓄存款也要冒銀行倒閉的風險。希望得到投資的回報，當然需要冒上若干程度的風險。但有些人卻因為希望贏大錢，所以即使明知風險甚大，也甘願去刀頭舐血，明知山有虎，偏向虎山行。賭一把，贏就發財，輸就破產，這種心態要不得。投資的資本，尤其是由辛辛苦苦的血汗錢累積而來的話，安全比發財更重要。我們的確在投資上應該冒上一些風險，否則墨守陳規，將錢看得很重，變成一個守財奴，到頭來反而眼巴巴看著鈔票貶值。但冒風險並不代表賭一把，賭大小的心態並不健康。血汗本錢，應該珍惜。特別是珍惜妳第一筆的本錢，因為第一筆本錢是最難儲蓄起來的。一旦化為烏有，要重新開始費神又費時間。所以用妳的血汗錢作為投資本錢，應該以小心為上，避免失去、以免想東山再起時，變得有心無力。

隨時變現能力

　　古代有一句話，未必正確，但也有啟示，就是「親生子不如近身錢。」近身錢，就是有急事時，隨時可以動用的流動現金。人在很多情況之下，都有預料不到需要現金周轉的時候，如果每次有事都要向親戚朋友去借，遲早會變得討人厭。有近身錢，有急事時，可以應急，是最好不過的。

　　基於這一點，投資也要考慮另一個原則，就是妳的投資項目。在妳急需錢用的時候，是否有足夠的變現能力，隨時可套回現金？套回現金的金額是否足夠妳急需時的使用？能夠隨時套回現金的投資工具，如果投資回報與其他工具同樣的話，會是更佳的選擇。買賣股票之所以受歡迎，原因之一就是因為股票隨時可以在市場賣出套現，有急需時，變回現金，可以應急。

短線獲利能力

　　獲利能力，是投資另外一個必須考慮的原則。在其他因素相同之下，選擇投資工具，應該選擇一些獲利能力高的才去投資，這樣才會使妳的資本在很短的時間之內滾大，持續膨脹。

　　不過，這一個投資原則在很多時候，卻可能與上述的變現能力在原則上互相矛盾或兩者不能兼得。比如投資房地產，可能從長遠而言獲利能力不錯，是一種好的投資，但房地產的套現能力比較慢。有急需要用錢的時候，要變賣房地產套回現金，最快也要一個月，甚至更久。所以，投資者要自己衡量一下，在投資組合之外，有多少具有高度的套現能力，以作為個人應急之用？這個原則已達到高枕無憂的話，其餘的資金就可以考慮那些較為長線，即使變現能力不太高的投資，目的就是為了另一個原則 —— 獲利能力。

買賣收支評估

在個人理財的過程中，妳已經了解到理財的步驟，有一環是事後評估，以作檢討和改善自己的個人理財計畫。投資既然是理財計畫的一部分，也一樣不可以缺少這一個評估的步驟。比如每半年，或每三個月，或每一個月，甚至每一日都應該看看自己的投資成績。為什麼投資？買賣了多少次？投入了什麼市場？為什麼自己做出買賣的決定？憑什麼做出這些決定？憑直覺、買賣消息？專家指示？報章推薦？自己用電腦分析？事後是對是錯？對自己整個投資組合有什麼影響？對整個理財計畫又有什麼影響？投資得對，下一次是否還用這個方法？錯的話，錯在哪裡，下一次怎樣盡量避免出現同樣的錯誤？如果妳能夠堅持反覆思考，每一次投資都檢討一下，自然就會有不少進步，投資的成績也會越來越好，獲利回報也自然越大。

● 女人一定要有錢

人們常說，「錢乃身外之物，生不帶來死不帶去」、「金錢不是萬能的」，可是，一旦自己的財務狀況發生變化，生活會立刻發生改變。

雖然金錢本身只是一種符號，但製造並使用金錢的人賦予它濃厚的感情色彩，金錢崇拜者將金錢視為成功的標誌；金錢冷漠者認為金錢是萬惡之源。這還是應了那句話：「沒有錢是萬萬不能的。」這句話運用在女人身上就是「女人想要幸福，沒有錢是萬萬不能的。」

也許妳會說：「賺錢養家是男人的事，自古就有『男主外，女主內』的說法，女性的主要任務是把家照顧好，而家庭中經濟實力的好壞，應當是男人們承擔的責任。」

可是有這種想法的女人，妳是否想過，男人難道是妳永遠的依靠嗎？正如老話所說：「吃人家的嘴短，拿人家的手短。」當妳們吵架的時候，男人的一句「妳花的錢都是我的」，這時候妳能說什麼？隨著社會的前進以及人們生活方式的轉變，現今社會離婚率正在逐年升高，而離婚之後，很多女性由於沒有穩定的收入和較好的工作能力，導致她們陷入了經濟困窘的狀態，很多女性也因此沒有安全感，總是擔心有一天丈夫會拋棄自己。與其這樣，女性為什麼不主宰自己的命運，建立屬於自己的金錢王國，用自己的雙手去掌握幸福呢？

女人想要掌握自己的幸福，就要做到獨立。當然這裡的獨立並不是為了和男人競爭，而是找到自己的位置，活出屬於自己的精彩。

女人的獨立包括經濟上的獨立和精神上的獨立，兩者相輔相成。這要求女人不能有「靠」的念頭，因為現今社會可謂是「靠山山倒，靠人人跑」，只有靠自己最好。除了精神上的獨立，女人還需要物質上的獨立，也就是經濟獨立。女人為自己建立了一個金錢王國，就等於是為自己準備一份長期而穩定的依靠，這會讓女人生活得更自由、更獨立、更有安全感。

因此，不管是未婚的還是已婚的女人，一定要有錢，這是有關尊嚴和自信的問題。一個女人再漂亮再能幹，如果失去了自己的經濟基礎，那她會活在被動之中。即使是結了婚，女人也要有自己的工作，從而獲取金錢，畢竟情人不是全部。當然了，這並不是要女人們都去做女強人，而是讓女人們在愛家的同時，也成為一個「女能人」。

說到 J‧K‧羅琳（Joanne Rowling），任何人都不會陌生，她就是《哈利‧波特》系列書的作者。僅靠《哈利‧波特》系列小說就賺得龐大收入，由此而成為 2004 年全球排名第 552 位富豪，創造了從窮作家，變成

擁有 10 億身家富婆的財富神話。

出生於 1965 年 7 月 31 日的英國女作家 J‧K‧羅琳，寫了幾本《哈利‧波特》系列兒童冒險小說，這些小說不僅讓羅琳聲名鵲起，更讓她賺了個滿盆歸。它們已被翻譯為 60 多種語言，全球銷量超過了 2.5 億冊，與此同時，根據小說改編的電影也獲得了巨大的成功，這些使得羅琳個人財產升至 10 億美元。

連續三年，羅琳名列英國超級富豪榜首位，2005 年，她的財富總額甚至是英國女王伊麗莎白二世的 8 倍多，羅琳成為英國賺最多錢的女性。有些人預言，她最終的個人財產可能達到 100 億美元。對於羅琳來說，她的成功簡直就像個神話。在《哈利‧波特》第一部出版前，羅琳還只是一個離了婚的窮作家。羅琳獨自撫養著兒女，為了生活，竟冒著失去領取救濟金的危險偷偷工作。一旦閒下來，她便在附近的咖啡店裡忘情地寫呀寫，寫她心中的魔幻世界，她似乎是強迫自己寫作。她把寫好的小說送給出版商，遭遇到的是屢屢退稿，但是她依然如故，鍥而不捨。終於，精誠所至，金石為開，她成功了，並成為世界上最富有的女人之一。

羅琳從赤貧到巨富，這一切她自己也始料未及。不過，這位出身蘇格蘭的單身母親在窮困窘迫中構思並創作的「哈利波特」形象，成為全球兒童與成人讀者最喜愛的童話人物之一。她改變的不僅僅是自身的貧窮，意義還在於：在一個日益全球化的時代，她用童話的形式擺脫了貧窮。

女人應該有自己的財富保障，經濟獨立對一個女人來說是很重要的，因為在某些時候，它關係到一個女人的尊嚴，女人的自身魅力、自我價值的體現等。

俗話說：「尊嚴來自實力。」只有這樣，女人才有自己的天空，才能是獨立的個體。所以，女人只有獨立，才有資格談感情。如果妳不能獨

立，就算有了感情也會半途夭折。因為大部分男人不可能把時間花在去等待和改變一個女人上，失去了妳這棵小樹，他還有整片森林。如果妳沒有吸引他的地方，沒有足夠的掌握，請妳不要戀愛，那樣只會自尋痛苦！女人是水，但不是弱者，那些為感情所傷的女人們，要學會獨立，要好好地生活，不能被生活打敗。永遠不要把幸福倚靠在別人的身上，而是要掌握在自己手中。而且女人只有在經濟上獨立了，才能縮短與男人的距離。

儘管現今人們口中常說男女平等，女人能頂半邊天，然而，真正達到男女平等的地方又有多少？一個家庭中，夫妻倆都在政府部門工作，但到最後能夠節節高升的往往是男人，為什麼會這樣，為什麼不是女人？有人會說這是因為家庭需要和諧，需要有一個人做出犧牲來照顧家庭，但是，做出犧牲的為什麼是女人，為什麼不是男人？再如，夫妻兩個人一起經營自家的企業，為什麼在多數這樣的公司中，女性總是居於自己丈夫的職位之下？有人說，這是為了維護一個男人的尊嚴，在某些情況下必須給男人面子，然而女人難道沒有尊嚴嗎？女人難道沒有面子嗎？女人難道就必須甘於犧牲嗎？所以，在這個社會中，那些所謂的「男女平等，女人能頂半邊天」的說法，一旦落實到實際生活中，還是有很大欠缺的。因此，女人只有經濟上獨立了，才能縮短與男人的距離。以一棵樹的形象與男人站在一起，而不是以藤的形象依附於他。

總之，女人一定要有錢，要有穩固的收入，要學會「經營」自己。

第 3 堂課

投資健康，就是為幸福買「保險」

　　女人總是想著如何照顧好家人的健康，卻很少為自己做一個健康計畫。當女人的生日一個個地從生命的年輪上滾過，在不知不覺中變老，疾病一步步地向她們逼近，損害她們的健康時，她們才會意識到健康的重要性。所有女人都渴望甜蜜的愛情、幸福的家庭等，但只有健康的身體才能讓這些變得永恆。一旦失去了健康，無論妳擁有了什麼，妳所擁有的將變得沒有意義。自身的生命是美麗的，但又是脆弱的，女人只有不斷地關愛、珍惜健康，才能持久地煥發出迷人的光彩。

● 讓運動來拯救妳的幸福

運動能使人保持旺盛的活力，生命在於運動

　　生命在於運動，因為運動有益健康。尤其是在大都市，生活節奏加快，競爭激烈，人們整天忙碌於工作、學習、人際交往、家庭事務之中，並且交通工具發達，高樓林立，出門有汽車、地鐵、輕軌，上樓有電梯。以交通工具代替走路、以電梯代替上樓的現象已很普遍，很多人就忽略了運動對健康的重要性。

　　研究證明，科學地從事體能鍛鍊、適當的負荷運動，對中樞神經和內分泌系統會產生良好的刺激，能夠促進新陳代謝、改善血液循環和呼吸功能，有利於年輕人的生長發育和提高身體的抗病能力，可以延緩身體適應能力的降低，推遲生物個體組織器官結構、功能所發生的退行性變化，使中年人保持旺盛的精力，老年人延年益壽。為此，女人尤其應該運動。

「女人不運動就過時」

　　這是現代都市女性的一句時尚宣言，而運動的目的也不再是「減肥」一詞就能概括的。緊張的生活節奏、匆忙的都市生活，預示著她們每當旭日東昇之時，要有灑脫的個性、自信的微笑、敏銳的能力迎接每一天。於是，越來越多的女人加入到運動行列。

★ **運動起來的女人最美**：美麗與漂亮是有區別的，一個女人是否美麗，也許不能全看臉蛋長得美與醜。真正的美麗，是一種光彩，是自然而然的流露，是一種迎面而來的感覺。運動的女人時時散發著美的氣息。

★ **運動起來的女人最快樂**：職業女性成天裹在死板的職業裝裡，拿開會、加班、應酬當一日三餐，睡眠時間少到幾乎在透支生命，飛快的生活節奏、巨大的工作壓力，以及激烈的社會競爭，都快把白領麗人變成一個不停旋轉的陀螺了。都說有事業的女人真幸福，誰知奔事業的女人多辛苦，但忙歸忙，可不能就此虐待自己，不妨忙裡偷閒，用運動寵愛一下自己。穿著緊身的衣服，在寬大的房間裡使勁地蹦來蹦去，看著鏡子裡自己一副青春的模樣，也就暫時不去計較辦公室裡的煩心事了。因為流汗的時候感覺很酣暢，好像一週的壓力和辛苦也一起從身體裡衝出來了。再細心地注視著身上的線條，這份開心，不用細說。

★ **運動的女人最時尚**：現代女人的口味尖刻而挑剔，她們需要激情和新鮮感，就像遊戲需不停升級換代一樣。當她們厭倦在跑步機上單調慢跑和「一、二、一、二」的健身操口令聲時，她們的健身方式也需要不斷升級。也許有些運動僅僅是變換形式的健身操，但由此帶來的新奇和趣味，以及進入其中的身心愉悅，卻讓喜新厭舊的女人們樂此不疲。

★ **運動起來的女人體型棒**：看一個女人生活品質的高低，就先看看她的

肚子。因為如果她有一副勻稱的體型，就說明此人必定有高品質的生活水準和良好的生活習慣。據說，時尚體型重塑最早出現在日本。1970 ～ 1990 年代，日本經濟正高速發展，高品質、快節奏的生活，使很多日本中產階級患上了由於營養過剩和缺乏運動而引起的一系列現代病，例如肥胖、高血壓、神經衰弱等。同時，由於社會競爭激烈，更多的年輕人意識到良好的體型和幹練的氣質，能使自己給對方留下一個很好的第一印象，從而獲得更多機會。於是很多都市忙碌一族開始關注自己的體型。

因此，運動已經成為現代都市女子的自覺追求。體育鍛鍊作為現代女性的愛好，完全符合其本身的需要。俗話說，愛美是人的天性，更是女人的天性。哪個女人不想擁有勻稱健美的體型、旺盛健康的身體機能、端莊而又充滿活力的外表和富有生氣的精神面貌？誰不嚮往擁有靈活適應各種工作和生活環境的能力？

體能訓練能使妳的這些願望實現

堅持體能訓練，能夠提高女性的免疫能力，能夠減肥、降低血壓和膽固醇的含量。

堅持體能訓練，能使女性的呼吸、循環等系統的功能得以強壯，使女性的肌膚細緻，面貌滋潤。

堅持體能訓練，能延緩女性的衰老過程。尤其是女性到了中年期，由於體內激素的變化，人體逐漸發胖，透過運動可以避免這種傾向。

總而言之，體能訓練給女性帶來的這些功效，是世界上一切藥物所不能代替的，實驗證明這十分正確。生命在於運動，運動在於妳的掌握。如果妳想延年益壽，永保青春，就應該堅持積極的體能訓練。

如何選擇適合自己的運動？

有專家為人們提供了一些方法，不妨作為參考：

★ **散步**：這是日常生活中最簡單又易行的運動方法，運動量不大，但健身效果卻很明顯，而且不受年齡、體質、性別、場地等條件限制。一些長壽老人，他們都把散步作為延年益壽的手段。當然，散步的關鍵不在於形式，而在於能否持之以恆，只有長期堅持才能獲得益處、養成習慣。

★ **瑜伽**：柔軟如少女的身軀，美麗纖細的腰身，是每個女人的夢想。不必蹦蹦跳跳，安安靜靜地修身養性，傳統而又古老神祕的瑜伽，就能讓妳有意外收穫。瑜伽在雕塑外型的同時，還給人一種來自於內心的力量。經過一段由內而外、由外而內的鍛鍊後，妳會驚奇地發現心態已經改變。妳不會再為了減幾公斤的體重而折磨自己，妳會因為快樂而美麗，因為美麗而快樂。

★ **皮拉提斯**：皮拉提斯由德國人約瑟夫・皮拉提斯（Joseph Hubertus Pilates）創立並推廣。約瑟夫・皮拉提斯從小體弱多病，但他靠頑強的毅力，讓自己的身體變得強健。他研究出獨特的訓練方法：既融入了西方人的「剛」——注意身體肌肉的訓練，又融入了東方人的「柔」——強調練習時的身心合一。透過一系列的肌肉運動，剛柔結合，呼吸伸展，來增強身體的敏感性和柔軟度，更重要的是能快速雕塑出修長緊實的體型，尤其對腰、腹部及臀部的肌肉曲線塑型很有幫助。

★ **騷沙**：騷沙舞蹈最早起源於古巴，是拉丁舞的一種，最初是人們慶祝豐收的一種表達方式。無論是在酒吧、餐廳，它的魅力都讓人無法阻

擋。街頭式的騷沙，只有最基本的舞步，學會了之後到哪裡都是一樣跳法。在酒吧裡表演的那些南美洲人，自然是專家了 —— 從音樂開始，一直到整個表演結束，他們能讓整個酒吧裡的氣氛保持在最高點。

在比較正規的拉丁舞訓練中，騷沙雖然熱情，但仍然是比較中規中矩的，沒有什麼太多的變化。而在酒吧裡表演，能讓所有在場者熱烈起來的是一種街頭風格的騷沙。相對而言，其他的舞蹈都太講究技術，有一整套規則。只有「騷沙」可以隨心所欲，浪漫又充滿樂趣。這種舞蹈，讓人感受到了一種由明亮的陽光和嬌媚的笑容混合而成的奇特舞蹈魅力。從跳舞的拉丁女子的腰上，大概誰都能看得出來為什麼拉丁舞是全世界最性感的舞蹈之一，而那些和愛爾蘭踢踏舞有點相像的步伐，才是騷沙真正能把整個酒吧氣氛炒熱起來的祕訣。沒有人能夠在那麼強烈的節奏面前無動於衷。

以上介紹的各種運動，雖然方式各異，但它們有一個共同特點：都需要具備持之以恆的精神，這也符合習慣的要求。要養成一個好習慣，必須有堅定不移的毅力，如此才能保持身體健康。因為每個人的實際情況不同，只能在自身條件允許的情況下，選擇一種適合自己的運動項目。

運動不是宣洩，是需要合乎科學定律的

按照科學定律去運動，才能達到健身的目的。否則，盲目地做一些不適合自己身心健康的運動，不僅得不到健身的效果，反而會損害健康，助長惡習產生，這樣就違背了運動的初衷。就像卡內基（Dale Carnegie）說的那樣：「我發現煩惱的最佳『解毒劑』就是運動。當妳心煩意亂的時候，多用肌肉少用腦筋，其結果將會令妳驚訝不已。這種方法對我極為有效 —— 當我開始運動時，煩惱也就消失了。」

　　對一般人來講，運動就是為了強身健體，而不是為了奪冠。所以，選擇一項適合於自己的運動項目不是多麼的困難，也可以根據自己的實際情況，自行設計適合自己的運動項目。

　　選擇了一項體育運動項目後，就要持之以恆地去完成，相信堅持下去就會見到效果。開始時，許多人或許會把運動當成負擔，但長期堅持下來後，運動便成了一種習慣，成了生活中不可缺少的一部分，這樣不僅提高了自己的體格，而且也培養了意志和毅力，可謂一舉兩得。

　　科學的體育運動是延年益壽、強健體格的最佳方法，也是事業長遠發展的基本保障。

● 夜夜都做「睡美人」

　　俗話說：「不會休息，就不會工作。」那些不重視休閒生活的人，總是以工作太忙，抽不出時間為藉口，總是占用自己的休息時間，使自己一天到晚在緊張忙碌中度過，而這一切對身體健康、提高工作效率、幸福生活都是有害的。因為，休息是為了更好地工作，更好地工作是為了更好地生活。

　　因此，在繁忙的工作過程當中，要做到學會休息，善於休息，這樣妳的生活才更加多姿多彩，妳才會更有精神。

　　不會休息的人往往認為只有廢寢忘食、日以繼夜地工作，工作再工作，才能夠取得優異的成績，並以犧牲休息為自豪。他們中有許多人只知道工作，不懂得休息；只知道緊張，不知道輕鬆；只知道勞，不知道逸。他們常常加班，嚴重消耗了自身的精神，結果弄得健康狀況崩潰，甚至最後病魔纏身。

　　人生就像一根弦，太鬆了，彈不出優美的樂曲；太緊了，容易斷。只有鬆緊合適，才能奏出舒緩優雅的樂章。著名詩人泰戈爾（Rabindranath

Tagore）在《飛鳥集》中寫道：「休息之於工作，正如眼瞼之於眼睛。」不會休息的人就不會工作，只有休息好了，才能更好地工作，才能更好地生活。倘若一味盲目地去忙，連革命的本錢都搞垮了，那以後的人生，就沒有了可持續發展的餘地了。

美琪是個聰明的女孩子，所有的事幾乎是一點就通，再加上對事物的領悟能力很強，大學畢業剛進公司，就被企劃部的經理看中，一入職就是三年。

在三年的工作中，美琪屢屢創新，負責的幾件企劃案特別受委託方的讚賞，而且也給對方創造了很好的業績。

經過三年的鍛鍊，美琪已經成為了部門裡的骨幹，所有大案子都是她負責。為了保持自己良好的口碑，為了再努力創造新的成績，美琪更是對自己高標準嚴要求。她經常是吃完晚餐休息片刻後，就進入了連續幾個小時的文案策劃，而一個方案的完成至少要三天，累積下來，只要美琪接一個新客戶，就會連續開兩個星期的「夜車」。美琪有時私下算一算，一個月不加班的日子似乎不到一週。

可是現在，她經常會感到胸悶氣短，有時還會眼冒金星，視力也下降了。

年輕的美琪為工作賠上了自己的健康。在我們身邊，有一些人為了工作付出了更為慘重的代價，甚至是生命的代價。

很多人為了生存拚了命地賺錢，疲於奔命，由於工作時間過長、工作強度增加、心理壓力過大，從而導致精疲力竭，甚至引起身體潛藏的疾病急速惡化，繼而出現致命的症狀，潛伏了「過勞死」的危機。目前，瘋狂工作而不注意身體的人越來越多，他們為了前途和成就，寧願賠上自己的健康，這種現象在全球都是如此。

　　我們在遺憾惋惜之時也不得不警惕，在日常的生活和工作中，一定要注意休息，尤其是注意睡眠，保證自己有一個健康的身體。為此，為了能更好地發揮睡眠對健康的作用，培養良好的睡眠習慣就顯得尤其重要。

　　按時入睡。養成按時入睡和按時起床的睡眠習慣。睡前不能看激烈的電視劇和球賽，或談懷舊傷感的事情，以免刺激自己的大腦，使其處在興奮狀態。不要在睡覺前吃東西，避免加重胃腸的負擔；不要在睡前喝濃茶與咖啡，更不要長期服用安眠藥，這是危害健康的另一個隱憂。

　　年齡與睡眠時間。人都會有這樣的感覺，當自己睡得好的時候，就會感到很舒服，工作起來效率也會很高。但是，人究竟需要多少睡眠時間才比較合適呢？研究發現，睡眠時間是不固定的，它隨著人的成長而變化。一般情況下，人的睡眠時間會隨著年齡的增加而持續減少。

　　對於尚處於嬰兒階段的，週歲內的嬰兒，需要睡眠的時間最多，因為嬰兒在睡眠的過程中會做許多夢，以學習動作和處理腦海中留下的印象。正因為這樣，嬰兒每天需要睡 16 個小時左右。

　　對於 10 ～ 20 歲的青少年，這個年齡的孩子通常每天睡眠 8 小時就夠了。想要讓他們睡得更好一些，只需讓他們在週末多睡一會。

　　對於 21 ～ 30 歲的年輕人，8 小時的睡眠比較合理，如果下午能夠小睡一會，則會對身體更有益。晚上睡前 1 小時內不要吃東西，下午睡過，可晚一些睡，如果有條件，做幾十分鐘的體操則有助於入睡。

　　對於 31 ～ 60 歲的成年人，由於更年期，連續睡覺的節律有所改變。成年男子需要 6 ～ 7 個小時的睡眠時間，婦女則需要 7 個半小時的睡眠時間。為了提高睡眠品質，要儘可能地遵守固定的睡眠時間。

　　對於 60 歲以上的老年人，睡眠的時間不僅變得越來越短，而且覺睡得比較淺，深睡時間不多。這時候就需要經常用午睡來補充睡眠。但如果

能夠縮短午覺來加長夜間的睡眠最好。

選擇正確睡姿。從身體的結構來看，由於人體的心臟偏左側，因此睡眠時右側臥，才不會壓迫到心臟，呼吸起來也會很順暢。同時，人體的胃、十二指腸、胰腺及小腸通向大腸的管口，都朝右側開口，所以右側臥睡覺有利於胃中待消化的食物流入十二指腸，更方便胰腺分泌胰蛋白以及膽囊分泌膽汁進入十二指腸，從而促進消化吸收。

調整睡眠時間。在正常的情況下，一個人每天的睡眠時間如果能達到 6 ～ 7 小時，身體狀況基本上就能恢復到與前一天同樣的狀態。一般來說年輕人，尤其是男性，由於運動中損耗了大量的肝糖，肌纖維也會受到一定的破壞，這時，身體補充肝糖和修復損傷更多的是在睡眠時完成。所以，需要的睡眠時間會更多一些。

睡眠並不需要豪華的別墅，但需要充足的時間、安靜的環境和輕鬆的心情。室內要清潔衛生，無噪音和干擾，保持一定的室溫和清新的空氣。另外，要有面向陽光的窗。如果臥室朝向是東南或南邊是比較好的，會有充足的陽光。

專家提出，睡眠要先睡心，後睡眼。講的就是在睡前必須保持心平氣和、愉快的心情，這樣才能保證安靜入眠。但是，當自己的心情不好或者生氣的時候入睡，就達不到好的睡眠狀態。由此可知，失眠的最大敵人就是焦慮感。排除對失眠的焦慮感，放棄對失眠影響健康的擔心。如果上床半個小時還無法入睡，就不要強迫自己入睡，最好起來做點讓自己輕鬆的事情。

我們還可以依據個人需要，在睡覺前先洗個溫水澡，或者做個按摩，聽聽輕音樂，這些都有助於保持穩定的情緒。另外，也可以讀一些容易理解的文章，努力保持安靜的內心世界。好的休息才會有好的精力，好的精力才會有好的工作動力，才有可能使事業獲益。

總之，與其治標不治本地服用失眠藥，倒不如一場好的睡眠。因為只有好的睡眠才能在帶來強健體魄的之時，令女人容光煥發。這就是為什麼人們把充足的睡眠叫做「美容覺」的原因。

休息是一種境界，一種克服了自己急躁之後的精神昇華。學會休息，也就得到了健康！

● 滋養卵巢，讓女人花開不敗

女人身上有兩座花園：一座是開放花園 —— 臉；另一座是私密花園 —— 卵巢。這兩座花園有著密切的關係。所有的女人都希望有一座美麗的開放花園，這並不難，只要先把私密花園打理好。

許多女性常常出現這樣的苦惱：皮膚問題不斷，月經失調、發炎，身體曲線變形、局部脂肪堆積、情緒容易波動、精神狀態欠佳、睡眠品質下降、性冷淡等等。

注意！此刻女人的私密花園已經處於警戒狀態。醫學研究證實，花季保鮮源自於卵巢的功能，它位於子宮兩側，雖然給女人帶來月經這樣的煩惱，但卻行使著許多重要功能，最重要的便是製造雌激素，讓女人更女人、更嫵媚、更動人……。

卵巢被稱為女性的「生命之源和青春動力。」因此，一個健康的卵巢，對於女人來說，顯得彌足珍貴。卵巢一旦患病，就將導致女性卵巢功能衰退，造成內分泌紊亂，引起黃褐斑等，出現提前衰老的現象。

小玲 32 歲那年當了媽媽，在孩子 3 歲多的時候，因為避孕不當又懷孕了。沒辦法，最後選擇了人工流產。手術後休息了半個多月就去上班了，也沒感到身體有什麼異樣。但是在接著到來的這個夏天，她看到了自

己身體可怕的變化：原本光滑的手臂和腿上如今毛髮發達，就連嘴唇上的汗毛也比以前重了很多，嚇得她再也不敢穿短裙和無袖上衣了，「難道是那次人工流產的緣故？」小玲心裡有點恐懼。

小玲來到醫院，忽然發達的汗腺終於有了解釋。經驗豐富的老醫生告訴她，她得了「多囊性卵巢」，血液中偏高的雄性荷爾蒙是她毛髮忽然發達的原因。一聽自己得了病，還是卵巢生了病，小玲更加恐懼了。

醫生看出了小玲的緊張，笑著安慰她說：「其實卵巢是一個非常容易出現囊腫的器官，很多女人都可能有囊腫，只是有的症狀不明顯或沒被發現而已。」

「那我是不是要做手術？」小玲問。

「先拿點藥，再繼續觀察一兩個月，看看情況再說。」跟醫生約好兩個月後再來複診，小玲拿著醫生開出的藥方忐忑地離開了。

嚴格地說，多囊性卵巢是一種症候群。卵巢強大的功能是在青春期後才開始逐漸顯現的。女人的豐乳、纖腰、肥臀都與卵巢分泌的雌激素有關。另外，卵巢還背負著每月排出一個卵子的責任。

卵巢，這個位於子宮左右兩側的「默默無聞」的器官，與女人的一生是那麼的密切。卵巢作為妳身體裡的內分泌腺體之一，它的主要功能是分泌女性激素和產生卵子，同時，它也調節著妳身體的內外部變化。可以說，在妳充滿青春活力的時候，卵巢的作用功不可沒。而一旦卵巢功能失調，就會影響到雌性激素分泌，進而影響到性功能、膚質、膚色和三圍體態的變化，使妳臉部發黃、體態臃腫、陰道發乾，提早進入黃臉婆時期，即衰老來臨。

由於生活和飲食習慣，卵巢功能的下降並不是中年女性的獨有煩惱，而是越來越年輕化，甚至會因為卵巢功能早衰而使妳提前進入更年期，或

者由於雌激素下降而引發骨痛、駝背、身高變矮等骨質疏鬆症狀。當這些症狀出現之後，再調整卵巢的功能就很難造成作用了，所以提前做好保養卵巢的準備是非常必要的。

究竟如何進行卵巢保養，避免卵巢功能早衰呢？我們在這裡特別提示：不提倡女性做無謂的精油按摩、不提倡口服藥物，因為這些措施雖然一時有效，但副作用很大，最好的方式是從日常生活中提早做好保養。

瑜伽動作保養女性卵巢

瑜伽練習者透過特殊的鍛鍊動作，配以特殊的呼吸方式，更重要的是精神調整與之配合，可以疏通女性器官的氣血循環，調整荷爾蒙的分泌，特別是對月經失調，輸卵管不通，產後陰道放鬆，骨盆腔發炎等有很好的效果。同時，它還可以加強人體的腎臟功能，恢復女性因流產或生產後喪失的「元氣」，使女性由內而外地散發一種青春的氣息，延緩衰老。

看來，透過瑜伽來溫補子宮，改善卵巢功能失調引起的各種皮膚問題，從而達到駐顏美容的目的的運動方式，將會是那些對透過按摩來保養卵巢有成見的女性朋友的另一種追求。想想看，在環境優雅的健身房裡，伴隨著潺潺的流水聲和清脆的鳥鳴聲輕舞飛揚，那是不是一幅美妙的圖畫呢？

★ 吸氣，雙手向上伸展，保持 5 秒；吐氣，雙手合十，放於胸前。平衡呼吸。

此動作有利於增加心臟和肺部的氧氣，給大腦充氧，讓大腦得到休息，對於月經失調引起的腰腹脹痛有緩解作用，同時也使卵巢處於良好的休息狀態。

★ 向前彎腰，雙手抱住小腿，前鬆後緊。

此動作有利於加強整個椎體的氣血循環，預防因腎氣虛弱所致的各種婦科疾病，可以消除緊張情緒，也可以使卵巢的激素分泌在正常的節奏中進行。

★ 吐氣，扭轉腰部，保持 5 秒。左右各一次。

此動作可以糾正因平時姿態不正而引起的腹部脹痛，也能促使卵巢中偶爾出現的濾泡囊腫組織消失。

★ 吐氣，身體均勻向下。腳跟和臀部接觸。

此動作可以加強整個全身氣血循環，消除由於經期引起的水腫情況，按摩大小腸和子宮，消除便祕，也可對卵巢排卵後的創傷性勞損給予合理修復。

★ 吐氣，盡量把腿部兩側肌肉和腰肌放鬆，保持 10 秒。吸氣，保持正常的呼吸。

此動作能夠加強整個骨盆腔的氣血循環，可避免骨盆腔局部長時間充血給卵巢帶來的壓迫。

★ 吸氣，收腹，拱起腰部。保持 5 秒，然後再吐氣，頭部抬起，腰部下壓。

此動作可按摩腹內器官，改善新陳代謝，促進卵巢內毒素的排除。

★ 吸氣，腹部內收、會陰部收緊，閉氣 1 秒，吐氣，放鬆全身的肌肉。保持 5：1：5 的吐、閉、吸的比例。

此動作可提高免疫力，特別是對寒溼症狀特別有效，同時還能改善女性產後所致的陰道放鬆。產後，排卵尚未形成規律的卵巢需有效躲避菌群侵擾，此動作可起幫助作用。

★ 以尾椎為支點，向前或向後均勻劃圈各 36 次。

此動作可強化身體的元氣，促進全身細胞的更新，特別對月經失血過

多引起的貧血或手腳冰冷有改善作用，也可對由此引起的卵巢功能衰弱有直接療效。

★ 像胎兒躺在母親的子宮裡一樣，閉上雙眼，全身放鬆。

此動作可促進全身腺體（包括卵巢及整個生殖系統）分泌均衡，消除失眠，抗衰老。

★ 吸氣，雙手抱緊右腿，擠住右邊腹部，保持 10 秒，吐氣。右側動作完成後，再換成左側。

此動作按摩腹部內臟器官，可促進腹部的氣血循環，有溫補子宮、卵巢的作用。

飲食調養

許多疾病的發生與發展或復發，都與飲食習慣有著密切的關係，而卵巢保養自然也不例外，因此，當妳決定呵護卵巢時，飲食是不可省略的一環。

卵巢與女人的一生十分密切，它主導女人的靈魂，是它讓女人容光煥發，是它讓女人面貌不老……但是請記住：用它就要保護好它！

卵巢保養誤解

美容院的「卵巢保養」專案，通常是將從某些植物中提煉出來的精油塗抹在下腹部，並對某些穴位進行按摩、推拿。相關人士稱這樣就能達到保養卵巢、調節內分泌功能的目的，造成養顏、除斑、抗皺、防衰的效果。然而從醫學的角度分析，如此操作是難以達到上述效果的。

★ 誤解一：精油無論是從植物中提取或是來自其他，其化學結構及成分、進入人體的途徑、吸收利用率、代謝途徑等，都缺乏嚴格的科學研究數據。

★ **誤解二**：任何經皮膚吸收的物質，必須經靜脈進入人體循環，才能到達相應的組織器官。精油既不易被吸收，更談不上輸送到卵巢、垂體、下視丘，如何發揮身體效應？

★ **誤解三**：卵巢位於骨盆腔深部，體檢時都難查到。超音波檢查時，不僅要求超音波機解析度極高，而且要求技師具有豐富的經驗才能檢查到卵巢。腹腔鏡檢查時還要做好氣腹，再取頭低足高體位，才能觀察到卵巢。因而，體表用藥及按摩對卵巢沒有任何直接作用。

不過有意思的是，仍然有一些女性認為接受這項服務後從中受益。她們認為自己的皺紋減輕了，甚至便祕問題也得到改善，皮膚因此變得有光澤。這是怎麼回事？其實，是從業人員良好的服務態度、熱情周到的心理開導造成了關鍵作用。那些「愁容滿面」而來的女士，經過舒適的按摩與心理治療後，懷著愉悅的心情和對美麗的憧憬而去，皺紋自然舒展了，顯得容光煥發。美容師對下腹部輕柔有序的推拿按摩，對求美者的腸道功能也造成了一定的調節作用。因此，從某種意義上講，「卵巢保養」只是一種不錯的心理美容手段，更是一種健康。

● 女性經期的健康保健

女孩身體發育到特定的階段後，年輕的子宮內膜在卵巢分泌的性激素直接作用下，週期性地發生出血現象的過程，就是月經。這個規律的身體運動，一方面說明女孩子的性成熟開始，另一方面表示女孩與這個「老朋友」的相處開始了。

經前期都有哪些變化呢？女人又該如何應對呢？

★ **身體出現虛胖**：據調查，經前一週身體蓄水能力會大大增加。因此，此時的妳應盡可能降低身體內的鹽分。少吃高熱量的食物，比如洋芋片、罐裝食物等，多吃清淡蔬菜、粗糧等。一天保持攝入足量的水，適量攝取鎂元素，可以緩解這種狀況。

★ **情緒的失控、暴躁容易發怒，使妳從淑女瞬間變潑婦**：此時的妳應選擇遠離咖啡和酒精。堅持運動，比如健走、體操、瑜伽都對緩解心理有幫助，如果情緒低落，那就看一本結局完美的漫畫或電影。

★ **胸部比較敏感**：據統計顯示，大約有 10% 的女人都曾經歷過比較明顯的，甚至比較劇烈的乳房疼痛。這時的妳就可以遵醫囑少量服用止痛藥。咖啡、紅茶、酒精飲料以及巧克力，這段時間都屬於「禁吃食品」。有很多女性在這段時間大吃巧克力，其實效果恰恰相反。專家還建議，可以服用維他命 E 降低乳房的敏感度。

★ **想吃東西，尤其是大量甜食**：恰當地比平時多吃是正常的，但不要以此為藉口，暴飲暴食。如果特別想吃甜食的話，可以喝一點熱的蜂蜜水、淡薑糖水，吃些大棗，不但能滿足對甜食的渴求，還有助於身體的保暖。另外，還可以轉移注意力，比如聊天、看看書或電影，總之讓自己忙起來。

以上只是經期前的一些身體反應，還不是最令女人煩惱的，真正讓女人很無奈，很苦惱的還是在月經期間。此時，由於子宮內膜脫落、子宮頸口微微張開、骨盆腔充血等，導致生殖器官局部防禦功能下降，身體也會出現許多不適症狀，從而影響心情、工作和學習，也會引起生活中的矛盾。如果在此期間不注意護理，極易引起月經病和其他婦科疾病。只要女性朋友走出護理盲點，不僅可以消除這些症狀，還可以享受到跟平時一樣

的生活狀態，最重要的是可以杜絕一些婦科疾病的發生。

★ **不要在經期進行性生活**：月經期間，子宮內膜脫落出血，子宮腔的表面有傷口且宮口開放。同時，在經血的中和作用下，陰道的酸度降低，防禦病菌的能力減弱。倘若這個時期過性生活，在機械性的刺激下，不僅會造成經量增加、經期延長，而且會將病菌帶入陰道，易逆行而上進入子宮腔，造成宮內感染，甚至引發附件炎、骨盆腔炎。若是未能及時徹底根治，還可能導致終生不孕的嚴重後果。

★ **不要吃太多鹽**：鹽，學名氯化鈉，在體內分解為氯離子和鈉離子，而鈉離子有聚水作用，所以食鹽過多不僅會引起水腫、高血壓等疾病，還容易出現經前的極限緊張現象。研究人員發現，經前大量吃鹹食，使體內儲存的鹽分和水分過多，在月經來潮前夕就會發生頭痛、局部腫脹以及心緒不安、激動易怒等症狀，給經期帶來煩惱。因此最好在月經來前 10 天起就開始吃低鹽食品。

★ **不宜喝濃茶或咖啡**：茶葉中含有一定含量的單寧酸，能與食物中及血液裡的鐵元素相結合，直接阻止胃腸對鐵的吸收，妨礙血液內鐵元素的正常利用。經期如飲用過多過濃茶，會造成鐵元素吸收與利用障礙，容易引起缺鐵性貧血。再者，有些女性經期會出現頭痛、緊張、易怒、煩躁、失眠等不適症狀，而茶葉中的咖啡因可刺激神經系統，使這些症狀進一步加重，危害身心健康。

★ **不能泡澡**：女性在經期中泡澡，易引起病菌感染，產生發炎。如果身體出現了早期婦科發炎，如分泌物增多，味道和顏色感覺異常，或正處於發炎治療期間，絕對不能泡澡，否則很容易被盆內的細菌感染，使病情加重。

★ **不要穿緊身的褲子**：月經期間穿窄小的緊身褲，會使局部毛細血管受壓，影響血液循環，增加會陰摩擦，造成會陰充血水腫。同時，女性外生殖器的大小陰唇有不少皺褶，汗腺、皮脂腺，陰道分泌物也常累積，寄生較多的細菌。穿緊身褲，特別是在炎熱的夏季，不利陰部溼氣蒸發，加上經期血的汙染，更給細菌繁殖創造了有利條件，容易引發泌尿和生殖系統感染。

★ **不要高聲叫喊**：經期內分泌與平時有所不同，聲帶肌的毛細血管會產生充血現象，同時毛細血管的管壁也會變得脆弱。在這期間大聲叫喊，很有可能由於聲帶緊張並高速振動，造成聲帶毛細血管破裂、出血，並有可能引起聲音沙啞，甚至失音。

★ **在月經期不宜捶背**：女性在月經期由於局部充血，從而感覺腹部和腰部脹痛難忍。為了暫時消除腰部的痠痛和脹痛，會忍不住捶打自己的背部。這種做法雖然會暫時緩解腰部的痠痛，但腰部受捶打後會使盆腔進一步充血，導致血流加快，進而引起經血過多或經期過長。

★ **不宜吃冷飲和刺激性食物**：女性經期是一個特殊的身體期，此時身體變得比平時更為脆弱，如果飲食上不注意，很容易引起經痛、經血過多、月經失調、陰道感染等症狀。

如上所述，女人一定要注意經期保健，讓自己擁有一個健康的身體。

● 體驗瑜伽，釋放身心

瑜伽是東方最古老的強身術之一，是東方傳統文化的瑰寶，一朵美麗的奇葩。瑜伽相傳是在西元前起源於古印度。

瑜伽的英文「yoga」來自梵文，意為自我和原始動力的結合。瑜伽最

初的意思是駕馭牛馬，是「合一」的含義，後被引申為「與神結合」，指的是心靈、肉體和精神結合到最和諧的狀態，即身心處於相對穩定、平衡的狀態。它強調「調身」、「調息」、「調心」三位一體的自然療法。

瑜伽是一種並不複雜的健身運動

　　一般的體育鍛鍊，往往注重的是外在的美麗，而內在的東西卻很少顧及。瑜伽則不同，它在雕塑體型的同時，還給人一種來自於內心的力量。經過一段由內而外、由外而內的鍛鍊後，妳會驚奇地感受到心態已經改變，不會再為了減幾公斤的體重折磨自己，但會因為快樂而健康，因為健康而快樂。

　　我們知道，一日之計在於晨，因此，就讓我們從清晨開始踏上瑜伽之旅吧！為此，妳可以先做幾回的瑜伽呼吸：橫膈膜呼吸法、單鼻孔呼吸法。完成呼吸練習之後，休息 5 分鐘，然後以簡單、伸展為主要原則，以消除身體僵硬感、恢復精力為目的，進入下面的瑜伽姿勢練習。快樂、充實的一天就這樣開始了。

　　在遠古時代，人們一向是在太陽剛出現在地平線上時，就對著朝陽做拜日式，祈禱陽光給予生命能量。今天，人們更多地利用拜日式來提振精神和塑造體態。

拜日式

　　由 12 個連貫的動作組成，所以又叫伸展十二式。它作用於全身，每一個姿勢都是前一個姿勢的平衡動作。包括前彎、後仰、伸展等動作，配合一呼一吸，加強全身肌肉的柔韌性，同時促進全身的血液循環，調節身體各個系統的平衡，如消化系統、呼吸系統、循環系統、神經系統、內分

泌系統等，使人體各系統處於協調狀態。這 12 個動作如下：

1. 直立，兩腳併攏，雙手於胸前合十，調整呼吸，使身心平靜。
2. 吸氣，向上伸展雙臂，身體後仰，注意髖關節往前推，這樣可減少腰部壓力，雙腿伸直，放鬆頸部。
3. 吐氣，向前屈體，手掌下壓，上身盡可能接近腿部（如有需要，可稍彎曲雙膝）。注意放鬆肩膀、頸部和臉部。
4. 吸氣，左腿往後伸直（初學時也可膝蓋著地），右腿膝蓋彎曲，伸展脊椎，往前看。
5. 保持呼吸，右腿退後，使身體在同一直線上，用兩手和腳趾支撐全身，腹部和腿部要盡量伸展、收緊，肩下壓。
6. 吐氣，使膝蓋著地，然後放低胸部和下巴（也可前額著地），保持髖部抬高。注意放鬆腰部和伸展胸部。
7. 吸氣，放低髖部，腳背著地，保持雙腳併攏，肩下壓，上半身後仰，往上和往後看。
8. 吐氣，抬高髖部，使身體呈倒「V」形，試著將腳跟和肩膀下壓。
9. 吸氣，左腳往前邁一步，兩手置於左腳兩邊，右腿往後伸展，往前看。
10. 吐氣，兩腳併攏，身體慢慢前彎，兩手置於地面或腿部。
11. 吸氣，兩手臂向前伸展，然後身體從髖部開始慢慢後仰。
12. 吐氣，慢慢恢復成直立。

　　然而，為取得瑜伽練習的成功，必須掌握正確的方法。瑜伽是一種完善的科學系統，所以要求練習者採用準確的方法練習。如果不能按照規定去做，這些瑜伽練習就變成了無意義的機械動作，與真正的含義背道而馳。雖然，並不是每一個人都能夠完美無缺地做出所有的瑜伽姿勢，但我

們無疑可以毫無困難地掌握瑜伽練習的要領。希望每一個人按照個人身體極限練習瑜伽，盡力而為不可強求。瑜伽練習的每一步驟都要謹慎為之，不可操之過急，練習過程中逐步增加力度和難度。

瑜伽的 7 個經典動作

這些動作可以讓魅力女人擁有自己的美容理念，保持一顆平靜的心，讓身體更加靈活、健康。同時也是女人保持瘦身的祕密武器。

在瑜伽開始之前，先做 2 分鐘的準備活動。可做一些頸部、踝部、肩部運動，僅量使各個關節都能活動到。在練習過程中，每種姿勢持續 30 ～ 60 秒。盡量緩慢地深呼吸，體會空氣進入妳肺部的感覺。

★ **蓮花坐**：坐正，雙腿向前伸直，曲起右腿，將右腿放在左大腿上，腳心朝上；再彎曲左腿，將左腳放在右大腿上方，腳心朝上。挺直背脊，收緊下巴，讓鼻尖與肚臍保持在一條直線上。手掌向下放在雙膝上。

　　這一姿勢作用於胸口的能量中心，即橫膈膜以下部位，包括胃部、膀胱、肝臟和神經系統。主要可以增加頭部和胸部區域的血液供應，有助於人的身心平和穩定，增強專注力，同時還能協調新陳代謝，促進消化系統，排出毒素。

★ **單腿伸展式**：坐正，右腿向前伸直，左腿從膝蓋向裡彎曲，正好碰到右膝內側，雙臂上舉伸直，身體慢慢前傾，頭盡量向下低，直到妳的雙手碰到右腳為止。只要妳能堅持，可以盡量向前伸展。保持 20 秒，然後換左腿完成同一動作。

　　這一姿勢作用於身體底部的能量中心，即脊椎骨底端，很好地伸展了腿部肌肉、韌帶、腰脊肌，放鬆髖關節，可以幫助緩解肌肉僵硬和疼

痛。另外，它還作用於腎上腺、雙腿、骨骼和大腸。當這一能量中心失去平衡時，新陳代謝減慢。消化系統還會出現問題，如令人困擾的腹瀉和便祕等，這都是女人身體衰老的特徵。

★ **貓伸展式**：雙手、雙膝和小腿著地，頭朝下，臀部和膝蓋成一條直線，肩膀和雙手成一條直線，吸氣，同時收腹，背部慢慢拱起，像貓一樣。堅持 6 秒鐘，呼氣，然後慢慢地抬起頭，恢復姿勢，放鬆，然後再做。

這一姿勢作用於骶骨的能量中心，即腰部骨骼上，可以活化整個脊椎，放鬆肩部和頸部，收緊腹肌，同時還可作用於生殖器官並幫助緩解經痛，改善月經失調與子宮下垂，還可以減輕關節炎，加快血液循環。

★ **抱胸式**：以蓮花坐姿勢坐好，交叉雙臂，兩手各搭在左右肩膀上。

這一姿勢作用於心臟的能量中心，即胸部。可促進心臟的血液循環，對哮喘、呼吸不規則及高血壓有一定療效。

★ **秦手印**：以蓮花坐姿勢坐好，雙手的拇指和食指相抵，其餘 3 個手指伸直放鬆，把雙手放在膝上，掌心朝上。

這一姿勢作用於前額的能量中心，即大腦下端、神經系統、鼻、眼，有助於治療頭痛與神經問題。

★ **倒立**：如果這對妳來說太難的話，雙腳可以不必抬起。但要注意月經期間不要採用這一姿勢。

這一姿勢作用於頭頂的能量中心，包括大腦上端、腦下垂體，有助於治療失眠症、減緩壓力及平復過度興奮的神經。

★ **放鬆式**：後背挺直。雙臂輕鬆地置於身體兩側，呼氣，向前伸展全身，前額向下，直至碰到膝蓋前的地面為止。保持這一姿勢 6 ～ 10 秒鐘。

這一姿勢是結束練習的最佳方式。它可以很好地伸展脊椎骨、背部底端、脖頸和手臂部位，是鎮靜和放鬆的絕佳方法。

練習瑜伽有哪些功效？

★ **調養身體，達到平衡**：瑜伽強調身體是一個大系統，系統中由若干部分組成，各部分都保持良好的狀態才能有健康的身體。瑜伽透過體位法、調息等方法，調整各個器官的身體機能，達到強身健體的目的。

★ **消除緊張，平靜內心**：透過瑜伽完全呼吸、打坐和各種體位法，調節神經系統，達到消除緊張的目的。

★ **修身養性，厚德載物**：瑜伽提倡一種健康的生活態度，讓妳自然的改掉吸菸、喝酒這些不良習慣。透過不停地超越自我，也讓妳充滿自信。

★ **特別功法，特別療效**：瑜伽對減肥症、失眠、焦慮和關節炎等症狀有非常好的療效。

● 沒有壓力的女人才健康

生活中，常聽一些女人喊出這樣一句話：「生活真是太累了！」其實，生活本身並不累，它只是按照自然規律在運轉。說生活太累的女人，都是因為自己錯誤的生活方式，才會讓自己活得太累、太辛苦。

人類要生存，就必須面臨生存壓力

女人所面臨的各種生活壓力，比男人更大。特別是職業女性。緊張的生活和工作，雖然使職業女性成為了家內與家外的雙贏者，但職業女性也往往忽略了緊張的壓力對健康的威脅。對於現代的職業女性來講，緊張是

生活的常態 —— 工作中應付各種會議、報告、談判、訂單和複雜的人際關係，下班還要照顧孩子、老公和做家務……。

　　是啊，生活的壓力的確讓女人感到喘不過氣，但妳可選擇更愉快的方式過日子。生活在這個世界上，妳要為衣、食、住、行忙碌，要去應付各種各樣的事，還要去與各種各樣的人相處。可誰又能保證妳所接觸的事都是好事，妳所遇到的人都是謙謙君子呢？即使上帝站在妳身邊，恐怕也不一定能為妳帶來好運，更何況並沒有萬能的上帝呢？所以，生活中必然會有喜有悲，有幸運也會有不幸。人也是如此，有君子就有小人，有高尚之士就有卑鄙之徒。事物都是相對而生的，否則生活又怎麼能稱之為生活呢？只有各種各樣的事、各種各樣的人混合在一起，才能構成色彩斑斕的世界，也只有這樣的生活才是有意思的。

　　人活在世上，原本就是要好好欣賞美景的，不是讓妳痛苦地活著，因此，學一學減壓方法，讓自己的生活輕鬆起來，讓妳盡量減少在生活和工作上的壓力。當妳有了壓力，可以讓壓力減少，做一個健康的人。

　　壓力的存在，是個人無法改變的，但為了保持身體和心理的健康，更好地加入到競爭之中，可以進行自我調劑，找到一種放鬆的方式。用什麼樣的方法來放鬆，來減壓，是要根據自己的實際情況和需要來決定的。

　　因此，對於已經習慣長期處於緊張狀態的職業女性而言，妳現在需要的是放鬆。學習適合自己的放鬆方式，藉此改變應付壓力而形成的生活方式，徹底消除健康隱憂。

　　生活的壓力來自各方面，減壓的方法也不一而足，可採取內外兼治的方法最有效。

加強體育鍛鍊

　　體育鍛鍊是減輕壓力的有效途徑。體育運動不僅能夠讓血液循環系統運作得更有效率，還能夠強化我們的心臟與肺功能，直接增加腎上腺素的分泌，讓整個身體的免疫系統強大起來，從而有更強的「體格」來應付生活中隨時可能出現的各種壓力。我們可以持之以恆地從事各項運動，特別是「有氧運動」，例如游泳、跳繩、騎腳踏車、慢跑、快走與爬山等。在運動中，我們將體會輕鬆和忘我的境界，享受大自然的美妙，心靈也會在天地相融中被淨化。

　　許多世界級大富翁都熱愛運動。事實上，身體肌肉的勞動，能夠讓全身心得到放鬆，並讓我們的大腦有一個適當的休息機會。只有強健的身體，才是真正成功的能量來源。此外，還可以利用其他有效的自助法來排除壓力，例如循序式肌肉放鬆法、靜坐、自我催眠和練習吐納等。

　　消除緊張感。緊張，是一個人的心理因素造成的。人們把在壓力下生活視為正常，這往往造成身心的緊張。想要踏上成功的道路，首先要消除這種緊張感，達到身心的放鬆。即使緊張是天生的，也要靠人為的努力舒緩緊張。緊張感不消除，人就難以輕鬆。

　　為了消除上述原因造成的緊張，我們可以採取以下辦法：

★ 當我們煩惱的時候，應該說出來，不要悶在心裡。事實證明：傾訴，是排除心底憂鬱的有效辦法。可以把煩惱向值得我們信賴的、頭腦冷靜的人傾訴，例如自己的父親或母親、丈夫或妻子、摯友、老師……。

★ 當事情不順利時，如果迫使自己忍受下去，無異於自我懲罰。我們可以暫時避開一下，把工作拋在一邊，然後去看一場電影或讀一本書，

或者上網聊聊天、玩玩遊戲，或去隨便走走，改變環境，看看大自然，這些都能使我們得以放鬆。當我們的情緒趨於平靜，而且當我們和其他相關的人均處於良好的狀態，可以解決問題時，我們再回來，著手解決存在的問題。

★ 如果我們被某人激怒了，真想發洩一番，這時應該盡量克制一會，然後把它拖到明天，同時去做一些有意義的事情。例如，做一些例如園藝、清潔、木工等工作，或者是打一場球或散步，以平息自己的怒氣。

★ 如果我們經常與人爭吵，就要考慮自己是否太主觀和固執。要知道，這類爭吵將對周圍親人，甚至對孩子的行為帶來不良的影響。即使我們是絕對正確的，也要謙和一點。我們這樣做了以後，通常會發現別人也會這樣做。

★ 先做最迫切的工作。在緊張狀態下的人，連正常的工作量有時都承擔不了。工作顯得是如此繁重，去做其中的任何一部分都是痛苦的，先做最迫切的事，把全部精力投入其中，一次只做一件，把其餘的事暫時擱到一邊。一旦做好了，就會發現事情根本沒有那麼「可怕」。做了這些事後，其餘的做起來就容易得多。

有些人對自己的期望太高，經常處在擔心和憂鬱的狀態下，因為他們害怕達不到目標、對任何事物都要求盡善盡美，這種想法雖然極好，可是，容易走向失敗的歧途。沒有一個人能把所有的事都做得完美無缺。首先要判斷哪些事能做得成，然後把主要精力投入其中，盡我們最大的能力去做。做不成功，則不要勉強。

★ **保持寧靜**：保持寧靜，是舒緩心中壓力的另一條途徑。馬可·奧理略

認為：「第一個原則是保持精神不要混亂。第二個原則是要正面觀看事物，直到徹底認識清楚。」不要因為事情變化而擾亂了我們的精神，對生活中發生的事始終保持一份沉靜很重要。

寧靜，既是身外的安靜，也是內心的鎮靜。保持寧靜，可以調節身體氣血運行的全面平衡，以達到養心健身的良好功效，而且還能全面仔細地考慮問題，有助於處理好周圍發生的一切。所以，寧靜不僅可以修身養性，也可以調劑人的精神。

寧靜，需要力戒虛妄，力戒焦慮，力戒急躁，力戒一切煩惱的事。做到了心清意靜，可以感覺到一般人感覺不到的東西。

寧靜是一種調劑，一種超脫，一種昇華。當我們遇到煩心的事時，不要惱怒，讓放下事情，慢慢地分析，慎重地思考，然後再採取措施。反應太快，常常會使人做出欠缺考慮的行動。慎重可以有時間讓情緒平穩下來，讓理智的洞察力來主宰一切。

★ **清心寡慾**：清心寡慾，不追求名利，也有助於減壓。古時賢者曾說：「無求便是安心法。」這說明淡泊是一種崇高的境界和心態，是對人生追求在高層次上的定位。

物欲是無法滿足的，人們爭先恐後地追逐物質利益的結果常常令人心酸，此時，比疲憊的身體還要疲憊的，是那顆不斷索取的心。淡泊則不同，它是一種疏於名利、超脫於物質生活的高尚情趣。淡泊並非是說要放棄理想和追求，而是要每個人在自己有限的時間裡，做一個認真、踏實的平凡者。

★ **合理調整飲食**：要少吃油膩及不易消化的食品，多食新鮮蔬菜和水果，如綠豆芽、菠菜、油菜、橘子、蘋果等，適時補充維他命、無機鹽及微量元素。

人生就像一次旅行，在短短的人生之旅中，誰都希望能抓住每分每秒、掌握成功的契機，但是忙碌的生活經常讓人感到壓力沉重，長期下來，導致心情鬱悶、煩惱叢生。生活其實不用過得那麼累，放開胸懷，不追求物質享受，生活簡樸、沒有包袱的生活，一定能心情舒暢。

● 拯救乳房，保持乳腺健康

乳房是女性的象徵、女性的驕傲。妳想要它美麗豐滿、勾人心弦，妳想要它健康挺拔，妳就必須給它最貼心的呵護。所以在各種乳房疾病，比如乳腺增生、乳腺癌等侵襲乳房的時候，女人一定要懂得防患於未然，因為未雨綢繆總比亡羊補牢要好得多，定期保養已經刻不容緩。

對於一個愛美的女性來說，一對健康而豐滿的乳房對她來說是多麼的重要。這要求妳在日常生活中注意以下幾點：

★ **保持心情愉悅**：眾所皆知，乳腺增生最怕的就是妳心情好。因為妳的心情好，卵巢的正常排卵就不會受到干擾，黃體孕激素分泌就不會減少，乳腺就不會因受到雌激素增多的單方面刺激而出現增生，已增生的乳腺也會在正常水準下的黃體孕激素照顧下逐漸恢復。

★ **重視妊娠哺乳**：妊娠令孕激素分泌充足，能有效保護、修復乳腺，而哺乳能使乳腺充分發育，並在斷奶後良好退化，不易增生。

★ **吃低脂高纖食物**：遵循「低脂高纖」飲食原則，多吃全麥食品、豆類和蔬菜，增加人體代謝途徑，減少乳腺受到的不良刺激。還有，控制動物蛋白攝入，以免雌激素過多，造成乳腺增生。

★ **營養充足**：充足的營養可以保持乳房的肌肉強健，脂肪飽滿。所以，女性忌諱盲目節食減肥。

★ **調養月經**：臨床發現月經週期紊亂的女性，比其他人更容易患上乳腺增生。透過調養內分泌來調養月經的同時，也能預防和治療乳腺增生。

★ **注意清潔**：乳房的清潔很重要，要經常清洗乳房，特別是乳頭、乳暈部分，這一點對於那些先天性乳頭凹陷者來說尤其重要。

★ **自我檢查與適當運動**：包括每月對乳房做一次自我檢查、定期到專業機構做乳腺檢查、每次洗澡做適當的乳房按摩、每天 5 分鐘的擴胸運動等等。

做到了這些還遠遠不夠，因為這僅僅是能夠讓妳擁有一對健康的乳房，若每個愛美女性想擁有一對豐滿堅挺的乳房，讓自己變得更性感、更迷人，就要步入一場「美乳革命」。其實豐乳很簡單，只要會吃就可以了！

乳房大小取決於乳腺組織和脂肪的數量。一般來說，乳房的大小和體態胖瘦基本相稱。肥胖者的乳房中脂肪堆積較多，所以乳房大些；苗條者，乳房中脂肪堆積相對較少，所以乳房小些。乳房的豐挺度，以青春期接近成人期（20 ～ 25 歲）最為突出。因此，適度地增加胸部的脂肪量，是提高豐挺度的最自然、最合理、最健康的方法。

對於一些女性為了追求苗條體型的曲線美，而盲目地節食、挑食，專吃素食，不吃魚、肉等葷菜，這是一種極不科學的做法。要知道適量地攝入魚、肉和豆製品等蛋白質豐富的食物，可以有效地增加少量脂肪，對於保持乳房的豐滿、皮膚的嫩滑、面色的紅潤是不可缺少的物質基礎。否則，身體營養不良，脂肪缺乏，反而使乳房逐漸萎縮，皮膚枯皺，面色蒼黃，失去青春魅力。

另外，除適當地攝入脂肪外，還要適時適量地補充膠原蛋白，以促進

乳房光潔度，使之富有彈性。富含膠原蛋白的食物有肉皮（包括豬、雞、鴨、鵝）、豬蹄、牛蹄、蹄筋、雞鴨爪、雞翅以及甲魚等。此外，膠原蛋白的形成，與維他命 C 和蛋白質有密切關係，因此，為了乳房健美還應多吃一些富含維他命 C 的食品，如橘子、胡蘿蔔和富含蛋白質的食品，如禽蛋類和豆類食品。

同時還要適當補充水分。營養學家發現，多喝水對強健乳房很有幫助。如能每天堅持喝 8 杯水或無咖啡的飲料，會對滋潤皮膚和乳房豐滿大有好處。

因此，對於乳房瘦小或大小不均者，除了注意睡姿，按摩運動並輔以藥物治療外，採用飲食療法不失為一大途徑。

豐滿的乳房的確很誘人，但是不正確的生活方式卻能扼殺它的魅力，讓妳患上可怕的乳腺癌。所以，為了妳的乳房健康，妳還必須要逐步建立起全新的生活方式，遠離乳腺癌的困擾。

★ **遠離酒精**：適量飲酒，特別是紅酒，有益健康。但若暢飲無度，將會提高停經期後患乳腺癌的機率，建議每週飲酒量以不超過 2 杯。

★ **掌握生育時機**：很多都市女性不願意生育或延後到 35 歲以後生育，這很可能使她們失去一次增強抵禦乳腺癌能力的機會。女性懷孕時會產生大量的黃體素，對於乳房健康很有利。

★ **避免高脂高熱量飲食**：根據癌症研究相關的機構預測，在全球因癌症死亡的病例中，有 1/3 源於不健康的飲食習慣。在生活中，要避免長期攝入高脂肪、高熱量的食物。多吃蔬菜，比如花椰菜、甘藍、高麗菜等十字花科蔬菜，每週最好吃 4 次以上；最好還能多吃穀類、豆類、海藻類食物，以及一些含碘食物，如海帶、木耳等。

★ **常飲綠茶**：綠茶具有解毒消炎的特別功效，同時它也能夠防止多種癌症，對乳腺癌也有預防作用。為了達到預期的功效，我們每天大約需要飲用5杯綠茶。

★ **有選擇地攝取肉類**：攝入過多牛肉製品，會引起類胰島素激素水準的增加，這在更年期到來之前，會增加患乳腺癌的機率，而過肥的豬、牛、羊肉一般都會導致毒素的累積，最好少吃。

★ **攝取有機食品**：有機食物沒有化學物質的侵害，對健康有益，常吃有機食品的人，身體裡面的有害物質會明顯減少。

★ **躲開吸菸者**：加拿大健康研究中心的研究者發現，那些自己不吸菸的人，假如長期由於同事或是家人在其周圍吸菸，患乳腺癌的機率將會增大。

★ **不濫用保健品**：不少女性擔心自己不再青春，經常服用保健品養顏，殊不知一些保健品中可能含有雌激素，長期服用容易引起雌激素不平衡，從而極易導致乳腺癌的發生。所以，保健品應在醫生的指導下服用。

★ **穿合適的內衣**：最好佩戴有鋼圈的、罩杯合適的胸罩。鋼圈可以把下垂的乳房適當托起，造成很好的保護作用；胸罩的罩杯，則要與乳腺的形狀相符；胸罩內側的面料最好用純棉的；最好不要戴胸罩入睡，據統計，夜間戴胸罩的婦女，比起只在白天戴胸罩的婦女，患上乳腺癌的可能性為高。

★ **謹慎豐胸豐乳**：長期使用激素類藥物豐乳是不可取的，尤其年輕女性卵巢本身分泌的激素量就比較多，如果雌激素水準持續過高，患乳腺癌的可能性就會增大。隆胸豐乳也不可取，如矽膠手術豐胸，如果操

作不當，可能會對腺體造成破壞，所以盡量不要進行豐胸手術。

★ **保持良好睡眠**：夜間工作者由於褪黑激素和皮質醇的分泌受到了干擾，患乳腺癌的可能性比白天工作者的大。褪黑激素可以抑制雌性激素的分泌，皮質醇可以促進抗癌細胞的代謝。專家建議，最佳的睡眠時間是晚上 10 點到凌晨 6 點。

★ **適當運動**：生命在於運動，去健身房、去公園或自己在家安排適當的運動，都可以降低患乳腺癌的風險。

● 吃出女人的健康來

女人都希望自己有一副姣好的面貌。其實，除了體育鍛鍊之外，合理地調整飲食習慣，適量地補充身體所需的營養，妳也可以擁有一副健康而美麗的面貌。換言之，吃也可以換來健康和美麗。

《黃帝內經》將女人的身體機能分為 7 年一階段。女子 7 歲時腎機能佳，乳牙更換，頭髮生長；14 歲性機能成熟，月經按時而行，才有了生育能力；21 歲牙齒生長得更好，皮膚白裡透紅；28 歲筋骨堅強，頭髮生長到了極限，生長達到了最旺盛的時期；35 歲內臟供應面部的氣血衰退，所以面部開始憔悴，頭髮開始脫落；42 歲臟腑供應頭面的氣血更加衰退，面部更加憔悴，頭髮開始發白；49 歲內臟機能衰退，月經斷絕，身體衰老而不能生育。

由此看來，女性從 35 歲開始，體質上、身體上都逐漸衰退，但人到中年又是生命和才能的金秋時節，來自社會和家庭的壓力，迫使她們更加勤奮地去創造財富，這就需要女性從現在開始積極注意養顏防衰，不但要注意美容與美髮，更應注意營養的補給，以保全內部臟腑的精氣，就能有

效地防止和延緩自然規律帶來的衰老。

　　每個女性都是愛美的，但是多數女人認為高級化妝品能留住青春，還有的女性把美麗交給了美容院，其實這都是錯誤的觀念，要樹立「能吃的美容新理念」，每個女性要知道，透過營養來獲得健康、美麗是一條捷徑。

　　女人的飲食是一門學問，也是女性抗衰老的核心問題。對於繁忙和壓力過大的現代職業女性而言，更要重視飲食調養。現代人的調養有兩種方式，其一是注重傳統和基礎營養的方式，比如注意蔬果、肉類、豆類、穀類、麥類以及低脂和無脂食品的合理均衡攝取；其二是選用科學且效率更高的健康食品，也就是常說的保健品。

　　不管採取哪種方式，都有許多已證實有效的具體方法。在眾多的方法中，最主要的還是先從最基礎的事項做起。具體的計畫要求是：

　　食物的種類必須要均勻。為了美容也好，保健也好，五穀類食物、新鮮蔬菜、魚類、蛋白質及適量的肉類均是重要的飲食部分。任何一種吃得太多，都會造成偏食，長遠來說更會導致營養失衡。女人應盡可能地多攝取如豆腐、海帶、蘿蔔等鹼性食物，可以使人體呈弱鹼性，有益於促進細胞的新陳代謝，使肌膚健康、平滑、富有光澤，這類食物被稱為美容食品；同時應控制如雞肉、牛肉、玉米、啤酒等弱酸性食品；減少食物中的鹽分和糖分含量，以減輕內臟功能負擔；並應保持三餐飲食營養均衡，使內臟功能運轉正常化，這是創造良好肌膚狀況的一大因素。

　　如果妳已屆中年，可以選擇多吃素食，減少肉類。盡量避免吃高熱量、高脂肪、高膽固醇的食物，以免影響心臟功能。

　　如果妳社交頻繁，經常參加聚會，便要避免攝取過高熱量的食物。當然，妳可以考慮服用營養補充品，補充身體營養的不足及平衡體內的需要。

★ **每日三餐必不可少**：單身一族往往忽略早餐，又或者平日吃得很簡單，留到週末時才大吃大喝。這種飲食方式不但對健康無益，還會對消化系統帶來極大壓力，脂肪容易堆積，更容易造成肥胖。

★ **堅持每日多喝水**：水是美容聖品，也是最經濟實惠的美容佳品，建議女人養成清晨空腹飲水的習慣。每天應喝足水，以補充足夠的水量。隨著年齡的增加，體內細胞水分減少，多喝水就更為重要。

★ **蔬菜水果要科學地吃**：蔬菜水果不單為妳帶來維他命及礦物質，更令妳每日大便順暢，亦可減少患盲腸炎或膽結石的可能。但不少女人過於注重蔬菜水果，攝取過多蔬菜水而忽略其他營養，這會衰減皮膚細胞組織功能。此外，直接供給皮膚細胞的營養主要為蛋白質與脂肪，其中以蛋白質最為重要，它是構成真皮層彈性膠原纖維的重要部分，對維持人體正常的新陳代謝有著非常重要的作用，它可以維持皮膚健康，參與細胞的能量代謝。因此，適量地攝取優質蛋白質是值得女性重視的。當然除了上述說的健康飲食外，我們還要照顧我們的心靈、情緒以及其他生活習慣。

★ **不要攝取過多精緻的碳水化合物**：如果妳的飲食主要是以蛋白質、水果和蔬菜為主，不含或少量含碳水化合物——比如麵包、馬鈴薯和甜食等，那妳的臉上長痘痘的機會就會比別人少。因為，這些碳水化合物會使體內的胰島素水準大大提高，並引起一系列的反應，直到最後引起疹子。

★ **控制食量**：控制食量是女人進食特別要注意的環節。進食不能夠有飽的感覺，飽足感已經是進食過量的信號。過量進食，不僅直接影響體重，還會增加腸胃的負擔、影響皮膚吸收營養、降低皮膚抵抗能力、出現過早老化的問題等等。

★ **補充必要營養**：很多女性都會受到經前症候群的困擾。無論是情緒不定或者局部脹痛，常常都是由於營養匱乏造成的。有幾種簡單但是極為有效的辦法，可以幫助女性緩解這種問題。研究表明：每天攝取200 毫克的鎂，能在兩個月後減少體內的經前滯留物，每天 50 毫克維他命 B_6 的補充，僅在一個月後便可有效緩解月經前焦躁的症狀。實驗還表明：草本精華可防治幾乎所有的經前不良症狀。

因此，女性應多吃富含牛乳和奶製品的食物以補充體內鈣質。野生穀類、堅果和綠色蔬菜都能幫助妳攝入足夠的鎂。

「女人的美麗是吃出來的」，這話很有道理。但這裡的「吃」不是暴飲暴食，不是三天吃兩天不吃，更不是沒頭沒腦地傻吃，而是有節奏地吃、有準備地吃、有選擇地吃、有心地吃，更似調養。調養對於女人，如根和花。有根，才年年有花香；無根，只能花開一時。同樣，只有調養，女人才能時時光潤，歲歲美麗，年年健康。

第 4 堂課

愛情和家庭是女人的終極幸福

水可載舟，亦可覆舟，關鍵在於如何加以利用；愛情可以創造幸福，也可帶來不幸，關鍵在於如何駕馭。作為支撐半邊天的女性，在愛情中，有時起著決定性的作用。懂愛的女人，通常更能打開通往幸福的大門，幸福的家庭是避風的港灣，好女人則是港灣的管理者和最大獲益者。

●「糊塗」女人幸福指數最高

古人云：「水至清則無魚，人至察則無徒。」這句話同樣適用於婚姻。仔細一想，中文中的「婚」字，拆開來看，就是一個「女」字和一個「昏」字，假如女人不昏了頭，糊裡糊塗，也許世上就沒有愛情和婚姻了。

有位著名詩人、書畫家曾寫過一個條幅：「難得糊塗」，條幅下面還有一段小字：「聰明難，糊塗難，由聰明轉入糊塗更難……。」當然，這裡所講的「糊塗」是指心理上的一種自我修養，意在勸人明白事理，胸懷開闊，寬以待人。所以真正難得的糊塗，是一種聰明昇華之後的糊塗；是一種涵養，心中有數，不動聲色；是一種氣度，得道高深，超凡脫俗；是一種運籌，整體掌握，不就事論事。一個女人要是做到這些，她一定是最「糊塗」、最聰明的女人。

作為女人，對一些生氣煩惱也無濟於事的情況，要學會「糊塗」對待。「糊塗」既可使矛盾冰消雪融，又可使緊張的氣氛變得輕鬆、活潑，從而保持心理上的平衡，避免許多疾病的發生。當女人處於困境時，「糊塗」一點能使自己保持心胸坦然、精神愉快，減少對「大腦保衛系統」的不必要刺激，還可消除身體和心理上的痛苦和疲憊。

在婚姻生活中，女人更要學會「裝糊塗」。仔細想想，男人的愛情誓言差不多都是囊中羞澀、捉襟見肘的，如果女人哪一天心血來潮認真起

來，略作考證，便可將那些豪壯又溫馨的空頭許諾批評得體無完膚、片甲不留。但很多女人竟不動聲色地默認了它，這不是她們被愛撩撥得一塌糊塗，而是超乎尋常的精明。她們悄然無聲不作批評，只從男人一堆的愛情諾言裡，尋找被愛的溫暖和幸福，清醒地體會愛情的甜蜜。

有一段話是這樣說的：「當一個聰明的男人遇到一個同樣聰明的女人，很可能會出現一場戰爭；當一個糊塗的男人遇到一個聰明的女人，則有可能引發一段緋聞；當一個聰明的男人遇到一個糊塗的女人，也許會共同打造一個天長地久的婚姻。」由此可見，「糊塗」的女人有一種獨特的魅力。一個聰明的女人往往不易得到幸福，就是因為她把一切看得太透徹，一切在她眼裡都不是那麼簡單。其實，聰明並不只體現在智力上，更多的是體現在心態上。自以為聰明的女人並不聰明。真正聰明的女人知道，該糊塗的時候就要裝糊塗，該聰明的時候就表現自己的精明能幹。所以，幸福對她們而言觸手可及。

女人的一生都是美的，不同的年齡會演繹出不同的美。小女孩的美似山澗奔跑的小溪，洋溢著清新明快；少女的美似一灣湖水，恬靜宜人；成熟女人的美則更像碧藍的大海，博大包容，靜謐深邃。女孩在結束愛情進入婚姻成為女人後，便會成為集多種角色於一身的綜合體，這時的女人，正是接受生活給妳鑑定是否真正美麗的關鍵時刻，而這一時期的女人「糊塗」一些是最美、最幸福的。試想，一個工作出色的男人是會喜歡整日跟蹤盯梢、吵吵鬧鬧的潑婦，還是喜歡一個在適當時候「裝糊塗」的睿智女人？答案當然是後者。情人就像女人手中的風箏，女人鬆一鬆手中的線，他會飛得更高、更遠。在婚姻生活中，能跳過去、忽略不計的事情，女人就盡量不要和丈夫計較，能模棱兩可的事情就盡量尊重他的意見。這樣，女人的婚姻才能幸福美滿，天長地久。

　　何莉是一家報社的記者，事業心比較強，經常要出去採訪，回到家裡又忙著家務和工作，和丈夫的交流有所減少。

　　有一天，何莉沒出差，難得一家人一起度週末。兒子忽然問：「媽媽，怎麼妳在家裡，林阿姨就不來玩了？」

　　「林阿姨是誰？」何莉問丈夫。

　　「是我們公司剛分來的大學生。」丈夫不好意思，臉有些紅。

　　何莉沒有再追問，只是哄著兒子說：「下次我們請林阿姨來玩，好嗎？」

　　何莉想想自己對丈夫如此信賴，可丈夫竟……思前想後，心裡很難受。真想和丈夫大吵一頓，或者離婚算了。

　　過了一會，何莉情緒冷靜多了，體認到自己經常在外，對兒子和丈夫照顧得很不夠。何況自己並不能肯定丈夫和林的關係。如果不分青紅皂白和丈夫鬧，倒顯得自己沒理了。

　　她今天晚飯特地沒讓保姆做，自己弄了幾道丈夫最愛吃的菜。

　　晚上，她把孩子哄睡之後，依偎著丈夫靠在床上，輕輕地說：「我經常外出採訪，讓你一個人在家帶孩子，實在太難為你了。我不在時你肯定很寂寞，就像我孤零零一個人睡在旅館裡一樣。現在我靠在你身上才覺得好踏實，沒有你的支持，我的工作一天也做不好。」丈夫一聲不吭，憐愛地撫摸著何莉的頭。

　　何莉輕聲問：「我們週末一起請她來吃晚飯好嗎？」丈夫面有難色。

　　「你還不放心我嗎？我不會讓你為難的，更不會為難你。」

　　週末，何莉又一次親自下廚。林來了，何莉熱情地進行了款待。小林臨走時，何莉特地讓丈夫看孩子，自己獨自一人把小林送下樓，拉著她的手說：「怪我自己是個工作狂，對周（何莉的丈夫）缺乏照顧，謝謝妳常來我

家，也幫著照顧小周。看妳這樣溫柔可愛，不知道哪個男人會有福氣娶到妳。好了，不送妳了，有空歡迎常來玩。」一席話讓林又是感激又是慚愧。

後來，林在何莉夫婦的幫助下，找了一個陽光帥氣、年輕有為的男友，他們與何莉夫婦成了好朋友。平時一有時間，兩家人就一起聚餐、遊玩，別提有多開心了。

其實，在婚姻領域裡，在夫妻相處中，只要不是方向問題、原則問題，糊塗地面對小矛盾、小摩擦不僅難得可貴，而且還是不可或缺的一門婚姻藝術。這對於密切夫妻情感、提升婚姻品質、打造家庭和諧尤其重要。

同在一個屋簷下，同在一座圍城中，朝相見、晚相伴、長年廝守在一起，再和睦、恩愛的夫妻，也難免有摩擦、矛盾，也會有舌頭碰到牙的時候。在這種「家常便飯」面前，太認真、計較了，非得咄咄逼人地辯出個妳對我錯，爭出個妳高我低來不可，只能使「戰事」升級，小事變大。久而久之，難免會「仇恨人心要發芽」，使穩固的婚姻發生裂痕，使親密無間的情感產生空洞。

現實就是這麼複雜又這麼簡單，夫妻之間，越做全方位的過問，越做精深細緻的分析，便越使心理距離拉大，越使爭吵不可避免甚至導致離婚。所以，夫妻之間還是「難得糊塗」的好。

當然，如果夫妻之間有一方裝糊塗，另一方則認為是一種屈從的恥辱，愛同樣有可能被葬送。所以，一些社會學家、心理學家建議：每個人在學習社會交往的同時，一定要先學會與妳的配偶相處。這種相處，不僅有夫妻思想感情無言的交流，而且應有心心相印基礎上的關心和體貼，當然也包括雙方在某些方面一定程度的妥協。為達成這種妥協，最廉價的辦法就是裝糊塗。

其實，裝糊塗是一種明智，是一種成熟。

糊塗來自理解。夫妻雙方都會承認自己並非完美無缺，任何人都同時存在著優點和缺點，有些事不必太認真，還是糊塗些好，不必做深刻分析，寬容對方的弱點和缺點，其實也是對自己的寬容。

糊塗來自尊重。每個人心中都可能深藏著不願意公開的祕密，都有不願意對外公開的「小世界」。夫妻之間有所保留，妳在對方「有所保留」的空間，越糊塗越好，尊重每個人的人格，是一種高層次的尊重。

糊塗來自信任。夫妻結合的基礎是相互信任。既然信任，不妨給彼此合適的自由空間，給這個空間塗上一層詩意的朦朧色彩，便有可能進入最美的生活境界。

糊塗來自豁達。海納百川，有容乃大，支持和鼓勵對方最大範圍地接觸社會，不僅增加閱歷、經驗、精神財富，還可能增加物質財富。做個開明紳士，何樂不為？當然，如果對方有不良嗜好，那另當別論。

老子有句名言：「夫舌之存也，豈非其柔耶？齒之亡也，豈非其剛耶？」齒亡舌存，是因剛的易斷，柔的難毀。的確，處理夫妻關係中的是與非，小是小非和大是大非都一樣。難得糊塗與難能可貴，並不意味著軟弱、無能；相反，卻體現著寬宏大度，心底無私，有能耐。那種「人不犯我，我不犯人；人若犯我，我必犯人」的針尖對麥芒，只能製造分裂，「憑爾去，莫淹留」；而柳暗花明的枕邊細語與柔情，才能使夫妻關係融洽。

● 讚美的是男人，收獲更多的是女人

讚美是一種聰明的、隱藏的、巧妙的「獻媚」。生活需要真正的讚美來調劑，成功需要讚美來填充色彩。成功正是由於讚美才更加耀眼。只有認真地發現值得讚美的點點滴滴，人們才能夠看到充滿陽光的明天。世界也正是由於這些讚美才變得如此扣人心弦，撼動人心。

在男女相處中有這樣一個原則：作為女性，不要對男人過於苛刻，過分挑剔，更不要拿別的男人和他比較，應當溫柔地鼓勵他、讚賞他，為他打氣加油，努力尋找他身上的優點。當他把一件很平常的事情做得非常圓滿，當他向他的夢想邁出了小小的一步，女人就應該即時地讚美他。這個時候，女人的讚美不僅僅是一種肯定，而是在向他「注射」自信，同時也增添了自己作為女性的魅力。女人的讚美，會改變男人的人生觀和處世方法，讓男人感到他有義務和激情去更努力地工作，為了家庭、妻子、為了兩人以後的美麗人生而努力獲得更大的成功。

有人說，男人是透過征服世界來征服女人的。因此，女人的讚美在男人眼裡甜蜜無比，這會很大地增加他的自信心和成就感。男人無疑地會認為，女人的讚美是他個人魅力的象徵，顯示了他征服世界的實力，因而會產生很強烈的人生滿足感。因此，聰明的妻子務必別忘了這一招：稱讚自己的丈夫，誇耀丈夫的特長，表揚丈夫的優點，把丈夫「吹」起來！

林琳在外商工作，而她丈夫所在的公司雖然也不錯，薪水卻不及妻子。但無論是在自己的朋友面前，還是在老公的朋友面前，林琳從不誇耀自己，總是力捧老公。她經常在別人面前誇丈夫電腦知識懂得多，英語說得一級棒。一次在和朋友聚會時，林琳很自豪地說：「有時候，我工作用的電腦出了問題，打個電話，他就知道出了什麼毛病，比我們公司的網管都厲害。」

在和丈夫一起去參加他的同學聚會時，林琳也不忘了把丈夫誇耀一番：「有一次我們公司要我翻譯一個法律文件，有些地方我怎麼都翻譯不對，他可好，拿到文件不到半個小時，就又快又好地全都翻譯出來了。」

一次，丈夫的同事來家裡做客，問林琳：「聽說妳比妳丈夫的薪水高啊！」林琳笑著說：「高不了多少，其實還是我老公的能力更強。無論是日常生活中的電器修理，還是做菜做飯，還是體育運動，他真是什麼都在行。他對詩詞歌賦、尖端科技都很有興趣，是一個知識淵博的人，對人又真誠，嫁給他是我的福氣。」一旁的丈夫聽在耳裡、甜在心裡。

不用妻子督促他學什麼，他就自己決定報補習班充電。漸漸地，他被上司提拔，薪水也逐漸增加。

人都有一種傾向，就是依照外界強加給他的性格去生活。如果妳總是抱怨男人的不是，他很可能就真的會一事無成。聰明的女人不會不厭其煩地數落男人的缺點，而是會發現他們的優點和長處，不失時機地稱讚、誇耀他們，而男人們也會慢慢向女人所期望的方向努力。

當男人聽到女人例如「妳真是了不起」、「我為妳感到驕傲」、「我能擁有妳真是幸福」的讚美，幾乎所有男人都會心花怒放，高興得跳起來。給男人「捧場」，是對丈夫的一種激勵，這比直接「教訓」的言語，更能推動他滿懷激情地、盡力地去把事情做好；反之，如果一味責備、指責，只會使男人的意志更加消沉，更加自卑，更加無地自容，更加不思進取，並最終一事無成。

聰明的妻子能夠時時注意到丈夫的長處，還能將丈夫的缺點減低到最低的極限。記住，一個男人無論長得美醜、事業是否成功，他都希望自己在女人的眼裡是最棒的，這是讓女人的讚美贏得男人心的關鍵。但女人在讚美男人的時候，要遵循以下四大原則：

★ **要有真實的情感體驗**：這種情感體驗包括：女人對對方的情感感受和自己的真實情感體驗，要有發自內心的真情實感，這樣，女人的讚美才不會給男人虛假和牽強的感覺。帶有情感體驗的讚美，既能體現人際交往中的互動關係，又能表達出自己內心的美好感受，男人也能夠感受女人對他真誠的關懷。

★ **符合當時的場景**：對男人的讚美，只需要一句就夠，只要此情此景之時，和對方的想法契合。

★ **用詞要得當**：女人要注意，觀察男人的狀態是很重要的一個過程，如果男人正處於情緒特別低落期，或者有其他不順心的事情，女人過分的讚美往往讓對方覺得不真實，所以一定要注重對方的感受。

★ **相信自己的感覺**：「憑您自己的感覺」是一個好方法，每個女人都有靈敏的感覺，也能同時感受到對方的感覺。女人要相信自己的感覺，恰當地把它運用到讚美中。如果一個女人既了解自己的內心世界，又經常去讚美男人，相信彼此之間的關係會越來越好。

此外，讚美一個男人要掌握哪些重點，並且取得預期的作用呢？在這方面，魅力女人堪稱專家，她們有如下經驗：

★ **讚美男人的經濟地位**：一個人的地位會直接影響他的生活，甚至影響其性格、習慣等。男人以地位高貴為榮，女人也會對有地位的男人刮目相看。地位是相對而言的，女人不妨以寬鬆的標準去看待男人的地位，並且給予得體的讚美。

社會地位中，能突顯男人身分的主要有政治地位、經濟地位和名人地位。政治、經濟地位比較好理解，名人地位的概念則比較寬泛，包括多方面的內容，可涉及社會中的每個領域和產業。同時，名人地位也

是相對而言的。他可以是一個里中的名人，也可以是一個縣市、國家的名人，可以是一個產業的專家，也可以是一個公司裡的專家。

追求地位是無止境的，讚美男人的地位要找合適的比較對象，進行對比式讚美。妳也可以將他的過去與現在比較。如果他大不如從前，也可以如「阿Q」般，讚美他曾經輝煌過。如果他今非昔比，則可讚美他越來越有地位了。

★ **讚美男人的風度**：異性相互吸引和欣賞是一個普遍的法則，所以，女人具有讚美男人的天然優勢。

男人未必需要容貌的完美，但需要有一定的氣質風度。女人讚美男人的風度，應掌握男人的特點，男人的樣態、言行舉止、服飾打扮等方面都是與女人大不一樣的，也就是說要掌握讚美男人的風度的標準。

對男性直接而大膽地讚美容易招致誤解。因為這種讚美方式的感情力度較強，不符合異性交往所要求的距離感，它有時會使男性感到舒服，有時又可能會對妳產生非分之想，而這些並不是妳讚美對方的初衷。

如果妳面對的是一個比較熟悉的男人，可以稍微誇張，玩笑式地讚美其風度，這樣顯得友好、親切。風度，也可以是一種總體的感覺，可以具體，也可以籠統。比如：「據說妳風度非凡，今天看來果然名不虛傳。」風度有多種形式，我們可以理解為更廣義的，也可以從多個角度去看待，如紳士風度、大將風度、學者風度、經理風度等等。這樣，才能讚美出新意。

★ **讚美男人的學識**：「知識就是力量」，在知識經濟時代，人們崇拜的是知識英雄。男人需要具備豐富的學識，才有可能取得令人羨慕的成就。

讚美男人的學識，首先要弄清楚什麼是有學識，才能給予合適的讚美。事實上，像莎士比亞、康德這樣的人，畢竟是鳳毛麟角。所以，對一般人我們應因地制宜、因人而異地給予讚美。

另外，讚美男人的學識，不同於讚美男人的地位、風度。讚美男人的地位也許會使人認為妳是勢利的。讚美其風度，則有可能認為妳是多情的。讚美其學識，相對而言更為理所當然，因為學識能產生很好的社會效應，人人都尊重有學識的人。

● 學會做愛，幸福的一半是「性」福

性愛是和諧婚姻的緩衝劑。俗話說得好：「床頭吵架床尾和。」在彼此探索性愛快樂的同時，早已將生活中煩心瑣事拋在腦後。魅力女人所散發的性氣息是迷人的。做個會做愛的女人，快樂著妳的快樂，幸福著妳的「性福」！

從醫學角度看，夫妻間和諧美滿的性愛會增強身體的調節功能，使內分泌相對平衡，身體功能正常運行，從而避免過早衰老；反之，缺乏美好的性愛，甚至關係緊張的夫妻，就很可能削弱正常的身體功能，罹患各種疾病，從而引起中樞神經、消化、循環、泌尿、免疫等系統的機能過早衰退。

從心理學角度來說也的確如此。美國著名心理學家馬科斯（Max Wertheimer）認為，結婚後的頭幾年裡，往往很幸福，因為在這段時期，在性愛前的「情色」渲染上顯得很和諧，但到了 50 歲就進入友誼、理解和相互幫助時期，此時是另一種生物成分在起作用。同時，由於形形色色的原因，「情色」開始受損。「情色」的受損，會使人的情緒低落、失眠、食慾降低、酗酒、亂吃藥等，進而導致身體疾病，如胃潰瘍、腹瀉、出血、

皮膚病、脫髮等現象。馬科斯在對罹患梗塞性疾病的夫妻的家庭情況調查表明，其中 35% 的患者是因「情色」喪失而分居，甚至離異。

所以，性是愛情、婚姻幸福的催化劑，不可刻意地去迴避。在傳統觀念中，性在婚姻生活中有著不可替代的地位，似乎無性就沒有婚姻，也就談不上幸福的家庭生活。一個人缺少幸福的家庭生活，那麼這個人就缺少了向前拚搏的動力。他的意志會變得消沉，他的潛力就難以得到發揮，成功對他而言更是無望之談。

曾看過這樣一個故事：

一位作家 50 多歲了，他妻子是畫家，比他小 10 歲。由於她很會保養，所以到了中年還是「豔光四射，嬌俏亮麗」。兩夫婦的性格，作家陽剛頗盛，畫家溫柔有加。由於那位作家經常發表一些文筆犀利的文章，難免招來一些指責，有時候就顯得很煩惱。當他憋著一肚子不痛快，氣咻咻地回到家裡時，畫家夫人總是以她那輕盈的步伐，甜美的笑容，娓娓動聽的語言對待他。此時，他好似經受風浪襲擊歸航的船隻，停泊在寧靜溫柔的港灣裡休息，煩惱很快煙消雲散。到了傍晚，她常特意地在席夢思床上，撒一些粉紅色的玫瑰花瓣，渲染一種愛的氛圍，讓丈夫排除煩惱，從而進入「情色」的意境中。有的時候，丈夫因外出參加聚會之類的活動晚歸，她也就在餐桌上留張字條：「酒在櫃子裡放著，菜在蒸籠裡熱著，你的夫人在被窩裡睡著！」這就是一種典型的夫妻之間的「情色文化」，多麼富有內涵，多麼有情趣，散發出一種迷人的「情色芳香」。假如夫妻倆一直生活在這種情色文化環境裡，自然會延年益壽，春心長存，白頭偕老啦。

因此，我們必須正視一點：性是一種必然的存在，性慾是人類的一種本能慾望，性行為是人類生存和生活的一種強烈需要，它是「生命意識」的最高表現。

　　《孟子》曰：「食色性也。」每個人都有性的本能，性愛是人們生活和精神的支柱。只有美滿的性生活，才能提高生活的情趣，才能更加幸福美滿。因此，每一個女性都應該掌握一些相關知識，以獲得最大的滿足。

　　下面介紹一下魅力女人的「性福」之道：

★ **適量的挑逗**：男人都喜歡被挑逗。要刺激他們，首先要拖延，甚至在適當時機制止他進一步的要求，這樣他的慾望和刺激感才會膨脹。如果他被妳深深吸引，那麼他對性的慾望是迫切的。如果妳希望一直保持對他的刺激感，妳就應該控制車輛駕駛的速度，及時將他減慢至妳所需的速度。

★ **大膽地表達要求**：只躺在床上想：「他很快就會愛撫到我的敏感區，我知道他會的」，這樣不會過於樂觀，而且也是在浪費美好的性愛時間。嘴並不是僅僅用來接吻的，它還可用來互相告知對方：什麼樣的方式最能夠挑起妳的慾望。所以，妳不要一味地批評說：「你對我的乳房撫摸得不夠」，而是這樣說：「我喜歡你吻我的乳房，你可以多吻一會嗎？」這樣一來，效果就完全不同。所以，寧可告訴他哪些做得對，而不要數落他一大堆的不足。同時妳也可以問問他，在撫摸時，他喜歡重一些還是輕一些？他覺得哪一種技巧最好？妳要了解什麼能使他興奮和舒服，同時他也會樂意問妳他是否需要改進？

★ **睡在柔滑光亮的床單上**：當潔淨得近乎無瑕疵、緞子般柔滑的床單觸到妳赤裸的肌膚時，妳會被情不自禁地撩起慾火，強烈的性慾會使妳所有的感官放縱。但柔滑的床單只是千萬種方法之一，每次做愛時改變一種感官刺激，就不會覺得乏味。

★ **充分調動色、香、味**：用音樂刺激聽覺，或做愛時與他交談，詳細地

向他描述妳的感受，用香氛點燃他的嗅覺，擦上香水讓他欣賞妳在激動時，所散發出的自然而甜蜜的體香。愛撫可用不同的媒介，如用妳的頭髮、裝飾羽毛、圍巾或手指頭，用食物、香檳和妳身體的所有部位去取悅他的味覺。

★ **勇於善意地說「不」**：人不可能任何時候都可以做愛或想做愛。每個人性慾的高低都受激素水準、壓力和健康狀況的影響。假如妳此刻在床上只想睡覺的話，那麼，寧願說「不」，而不要勉強地偽裝。妳可以老老實實地說「我太累了，我只想擁抱」，或者「我一點情緒也沒有，不知道為什麼」，這就足夠了，讓他弄清楚妳是在拒絕性，而不是拒絕他。

★ **不要假裝高潮**：有些女人常常假裝高潮來完成做愛，而男人們極少注意，因為怕傷了他的感情。一些性治療專家指出，如果妳與伴侶做愛時，90%能夠達到性高潮，那麼剩餘的 10% 妳還可以偽裝。但是，如果妳和他從未有過高潮，那就沒有意義再去偽裝了。如果他一直以為自己做到了，他怎麼還會再去學習呢？鼓起勇氣來告訴他「實際上那樣對我毫無作用……這樣才會……」，這樣，你們兩個都會更幸福。

★ **到外面去做愛**：標準的伴侶通常使用 2 或 3 種姿勢做愛，即使妳不屑於接受性學家所倡導的任何一種姿勢，至少妳也應該走出臥室。在沙灘上、車裡，或陽臺上做愛，轉換地點可以使性生活趣味倍增，並使妳體驗到裸露的快感。如果妳擔心完成整個過程會被人發現，那至少可以沉浸於熱烈的前戲。

★ **學會賣弄風情**：除非妳的他是妒忌心重或極度保守的男性，否則，不妨偶爾表現性感的一面，性感的打扮、野性的舞姿或調情都可以為他帶來滿足感。不過不論如何，妳一定要讓他知道妳表現性感其實是為

了他。學習如何賣弄風情也有助於開發性自我，使妳克服膽怯的個性，更能享受親密的「性」福。

★ **讓愛火不斷燃燒**：在「壞」女人的意識中，相愛的兩個人，無論婚前婚後發生親密關係都是理所當然的事情。但若一切變成習慣，即使最誠懇的男人也會感到厭倦甚至逃跑。所以無論他多麼了解妳，妳也應保持一定的神祕感。莎士比亞有句名言：「他最滿足的時候是他感到最飢餓之時。」適當的關注能減少他的迷惘感，應盡量給他多些關注，在關心孩子、事業、興趣和朋友之外，不要忽略了他其實更需要妳的關心。很多時候，男人有外遇，並不一定代表他需要一個新的性伴侶，而是他的另一半未能給予他足夠的關心。

★ **不脫衣而能取悅他**：怎樣延遲與他發生關係而保持他的刺激感和慾望？只說「不」是不管用的，這可以用於面對毒品的引誘，但面對自己的男人，實在難以啟齒。當一個男人的性要求被拒絕後，他會認為他的女人一定是不喜歡他或不喜歡性，這對他的打擊是難以承受的。所以妳應該讓他知道：妳是喜歡他的，妳一直被他深深吸引，並嘗試深情地看著他，然後對他說「欲速則不達」。

★ **給他一些驚喜**：偶爾穿上性感內衣，在電話中調情，扮演不同角色，寫一封火辣辣的情書，在日記中記下浪漫的事而「無意間」讓他看到，總之要引發他的想像力。不妨嘗試將一件手織的毛衣用花紙包好，並加一張寫上「不要讓它冷卻，讓它溫暖地回到家中吧！」的字條，任何人看了也會暖在心頭。

★ **讓他愛撫妳的身體**：女人的背部是敏感的，當他順著背部，用手撫摸到脊椎的底部，也就是股溝的位置之時，妳的情慾自然而然地就會激發出來，同時妳身體優美的曲線，也會誘發男人體內強烈的情慾。

★ **保持性愛的新鮮感**：女人要有智慧，因為智慧可以表現性感和魅力。你的智慧可為愛情生活帶來幽默感和新鮮感，男人的精神滿足和對性的渴望，也需要妳巧用智慧。要保持性關係上的新鮮感，最直接的方法是換一種方式。妳可以多花一些心思，與伴侶一起尋求新意，若妳用心去做，他是會感覺到的。妳可將女人的多方面表現出來，例如經常改變裝扮和形象 ── 成熟型、青春型、女強人型等。

婚姻幸福需要性愛的和諧，幸福的女人在經營婚姻的同時，也懂得享受性愛的美好。一個懂得享受性愛的女人，將洋溢著女人氣息，這讓人看起來更加的富有女人味，而一個擁有十足女人味的女人，是懂得如何營造和諧性愛的。

● 女人可以不漂亮，但一定要善解人意

男人喜歡什麼樣的女人，這大概是女人私下最熱衷討論的問題了。大多數女人認為，男人喜歡的應該是漂亮、嫵媚、賢惠的女人。實際不然 ── 大多數的男人還是對溫柔又善解人意的女人情有獨鍾。

善解人意的女人不會在男人工作繁忙的時候，抱怨他沒有空陪伴自己，當然也不會刻意流露男人對自己沒有太多溫情的牽掛，更不會在男人辛苦工作一天後，為一些小事無理取鬧。最後的結果就是，丈夫每天開開心心，而身為妻子的妳，也贏得了丈夫更多的歡心。

那個和劉輝相愛三年的女孩向他提出了分手，她想出國，因為她愛上了一個老外，這讓劉輝很是氣憤。從此他一心撲在了事業上，不到兩年的時間，他就有了自己的公司。但是在感情上他再也不輕易相信別人，他認為女人是善變的動物，一點也不可靠。

　　劉輝把女人分為四種，第一種是外貌漂亮，但這樣的女人大部分是花瓶；第二種是性格潑辣，她們做事雷厲風行，從不拖泥帶水，適合做工作上的朋友；第三種是功利主義很強，為了錢或者前途可以捨棄一切，他以前的女友就屬於這類；第四種是溫柔且善解人意，她們聰明卻會裝傻，裝傻是為了照顧男人的面子和自尊，裝傻是一種寬容，寬容男人犯的一些小錯誤，因此，男人會對她們充滿了感激。他最喜歡最後一種，但是他覺得在生活中，這類的女孩太少了，幾乎不存在。

　　後來經一些好心的朋友介紹，他認識了菲菲。在交流中，他驚奇地發現，菲菲就屬於他喜歡的那一類女孩。比如，在朋友的聚會上，他喜歡海闊天空地聊，菲菲總是用讚許的眼神看著他。但聚會過後，他會收到菲菲給他開的「處方」。那些紙條有時藏在他的衣袋裡，有時夾在書裡，上面的字句，婉轉地糾正了他的一些說法。劉輝對她的溫柔做法和用心良苦自然是很領情的，同時心存感激。最讓他感動的是，她竟然用裝傻的方式，原諒了他的一次感情錯誤。

　　在劉輝和菲菲交往一年多的時候，他向菲菲求婚了，然後他們就開始買房子準備結婚。可就在他們準備結婚的前一個月，那個和他相戀三年的女友回來了，她打電話劉輝給，說要見他，這讓劉輝猶豫起來，他原以為自己沐浴在菲菲愛的陽光下，已經忘記了那個為了出國拋棄自己的女人。可是他無法騙自己，他的心裡還有她的位置，他開始動搖，他告訴自己，自己只是和她見面，只要不讓菲菲知道，是不會傷害到她的。

　　於是，他為了和她見面，多次編謊言說要加班，後來竟然鬼使神差地以出差為藉口，和她一起去了國外。那時，他的這位前任女友告訴他，那個曾經要帶她出國的男人，去了美國之後就杳無音訊了。現在，她又把劉輝當做了救命稻草，一定要他幫著辦理加拿大技術移民，還規劃著他們的

來來。劉輝忽然發現，眼前這個女人是那麼的任性和自私，與善解人意的菲菲是沒法比的，想到這，心裡非常後悔。

　　他不敢打電話給菲菲，就打到家裡，她媽媽說：「菲菲這孩子真好，今天我不舒服，她來照顧我呢。兒子啊，菲菲這孩子不錯，妳也老大不小了，要知道珍惜。」劉輝嘴裡答應著，心裡更加不好意思，他的媽媽又說：「對了，你這孩子是不是欺負她了？我見她眼睛紅腫，便問她怎麼回事，她說和一個同事鬧彆扭。我看不像，她那麼好的一個女孩怎麼會和同事鬧彆扭呢？」劉輝忽然打了一個冷戰，這些事公司裡的同事都知道了，菲菲怎麼會不知道呢？想到這裡劉輝忽然害怕起來，他第一次感到自己是如此的害怕失去她。

　　劉輝一夜未眠。第二天一早，他就飛回了臺北。在飛機上，他堅決果斷地對前任女友提出的種種要求說「不」，這好像是第一次拒絕她。他忍受了她那麼多次的無理要求，這次他終於有勇氣去拒絕了。

　　重逢的那一刻，他看到了菲菲紅腫著雙眼，依然裝出很快樂的樣子迎接他，這讓他感到一陣心疼。他明白她的意思，什麼都沒說，只是緊緊地把菲菲擁到了懷裡，他想：這一輩子，他都不要菲菲再為他擔心受怕，他要好好地愛她，給她幸福。

　　一個善解人意的女人，能及時感受到丈夫的潛力，幫助丈夫發揮潛力。這樣的女人，能夠及時地發現丈夫處於成功位置之時所需要注意的細節，並能將這些細節，在不失體統的情況之下，及時提醒丈夫。那麼一個女人，為何會對自己的丈夫如此體貼周到，而不是抱怨連連呢？

　　其實很簡單，就是因為這樣的女人，對人生已經有了一定的感悟，她知道自己身邊的這個男人，雖然是她今生今世的至親至愛，但作為一個個體的男人，他那顆心在屬於她的同時，更多的還是屬於他自己，他知道，

在男人骨子裡事業還是勝過愛情。因此，善解人意的女人無論在什麼時候，都不會把男人當成自己的私有財產，要男人對自己言聽計從、不會在男人忙於工作時抱怨男人不顧家、也不會讓男人時時刻刻牽掛著自己。善解人意的女人知道，好男人就像是在高空中盤旋的鷹，只有當這隻鷹很累了，或是想休息時，才會回到女人身邊，才會想起享受他的愛情。

有位作家對善解人意的女人有十分清楚的標準，他說：「真正夠水準的女人，聰明、柔美、清秀、嫵媚、有深度、善解人意、體貼自己心愛的人，她的可愛是毫不囂張的，她像空谷幽蘭，只是不容易被發現而已。當你發現了這種女人，你才知道她多麼動人。一通電話，她使你魂牽；一封來信，她使你夢縈。在大千世界裡，兩情神馳。」

當然，聰明的女子有明智的頭腦和溫柔的情懷。她們善解人意，並不是一味地迎合和縱容對方，而是指在遇到事情時，能盡量用自己的心去體會對方的心，用自己的感覺去體會對方的感覺。人無法要求別人善解人意，但自己做到善解人意，最大的受惠者往往不是對方。善解人意的女人，是男人最渴望接近的女人，也是燃燒、喚起男人激情的女人。好男人不會因為女人善解人意的謙讓而得寸進尺，反而會心存感激。在現在這個浮躁的社會裡，只有善解人意的女人才是男人的家庭港灣，男人休憩心靈的聖地。

不僅如此，女人的柔情可以使男人在社會中增加自信，在家裡解除疲勞。因為男人都是既剛強又脆弱的，甚至有的男人會把榮譽和臉皮看得比生命還要重要。善解人意的女人知道在男人的精神世界裡有哪些禁區，如何保護男人的尊嚴不受傷害，絕不會去和男人鬥氣鬥勇，像潑婦一樣，把男人打得像隻鬥敗的公雞才善罷甘休。而男人都極具理性，事後他們會對這善解人意的女人心存感激而寵愛她一生。

　　在生活的河流上，懂得知恩圖報的男人和善解人意的女人，已經不能僅僅用風雨同舟來形容了。因為在男人眼裡，善解人意的女人絕不僅僅是坐船的，也不僅僅是划船的，而是幫助自己共同撐船的。兩個人能於千萬人中碰到，又能幸福地一起走完一生，那是需要兩個人的力量來支撐的。所以說，理解情人的女人，才是有魅力的幸福女人。

　　善解人意，不應僅從文字上，做善於揣摩人的心意去理解。其「善解」的「善」，也不能僅作「善於」解釋。它還應包含善心、善良的願望這層意思。善解人意，首先要與人為善，善待他人，而後才能理解人、諒解人、體察人，體現出人格的魅力。

　　俗話說「善心即天堂」，只有懷抱善心的人，才能愛人，欣賞人，寬容人。本來，人字的結構是互相支持，懂得相互接納、相互合作、相互融洽。尊重丈夫的優勢和才華，也寬容丈夫的脾氣和個性。無論是對丈夫還是對家人，完全是欣賞對方美好的地方，而不去計較他的缺點，或者說與自己不合拍的地方。不能理解的時候，就試著去諒解；不能諒解，就平靜地去接受。有人說：「人生最可貴的當口便在那一撒手。」而善解人意者就很具有這種「放人一馬」的涵養功夫。

　　有人說：「用妳喜歡丈夫對待妳的方式去對待丈夫。」每個男人，都是需要別人理解、同情和尊敬的。推己及人，與丈夫相處應該豁達一些，來個「禮讓三分」，若如此，那麼沐浴我們的，必將是陣陣和煦的春風與一片燦爛的陽光。

　　善解人意，還表現在善於體察丈夫的心境，給他及時雨一般的幫助，讓溫馨、祥和、慰藉來溝通心靈。比如，對窘迫的丈夫講一句解圍的話，對頹喪的丈夫講 —— 句鼓勵的話，對迷途的丈夫講一句提醒的話，對自卑的丈夫講一句振作的話，對痛苦的丈夫講一句安慰的話……這些非物質

化的精神興奮劑，既不花什麼金錢，也不用耗多少精力，而對需要幫助的丈夫來說，又何異於乾旱中的甘霖、雪中的炭火？

當男人被某種事情糾纏住，男人自己不願或不便去解決，想求助自己的女人時，善解人意的女人會在男人還沒開口時，就去把那件事辦妥，完成後就當沒發生過這件事一樣。

善解人意的女人深知平平淡淡才是真：精心別緻的晚餐、生日時的一份禮物、讀書寫作時送一杯香茗等等，點點滴滴都是情。

作為女人，如果能把善解人意作為一生的功課來做，這樣的女人會一生幸福。

● 做好賢內助

人們常說，好女人是一所學校，想把一個潛意識中有野性的男人，教育成自己的好丈夫、乖孩子，多半還得靠點心機和智慧，而女人的最大智慧是賢惠。但是，不是所有的女人都懂得這個道理。一些很現實的女人們認為：「時代進步了，女人傳統的美德也會跟著進步，內涵已經發生了變化，一味地溫柔體貼，已經遠遠跟不上時代的需求，在瞬息萬變、觀念層出不窮的新時代，不變的賢惠會給人『忠厚得可憐、善良得愚昧』的感覺。」其實，此言大錯特錯。一個賢惠的女人，能給予丈夫一片安寧的心境，會讓丈夫事業有成。

載人航天是無比輝煌的事業，但是，它也是一項高風險性的科學探索活動。面對風險，航天員的妻子表現出了特有的見識和胸懷。在航天員妻子們的眼裡，她們的丈夫個個是人才，為這樣的丈夫奉獻一生，也使她們自己的人生變得光鮮和莊重起來。

每一個男人都需要一個賢內助，這個賢內助不僅幫助他照顧好家庭，為他解除後顧之憂，而且一心呵護、鼓勵並支持他。

好的賢內助對於男人，就像燃料對於引擎那麼重要。好的賢內助使男人的引擎繼續發動。它使人們心理與精神的電池充電，將默默無聞轉為成功。

長久的默默無聞，有時候會挫傷男人們的銳氣，嚴重地打擊甚至還會使男人們挺不起腰來！但是，如果有他們的情人在背後默默地支持他們，那麼事情就會不一樣了。《聖經》上說：「信心是大家都希望得到的東西，是我們所看不到的東西的佐證。」

這就是賢內助的妻子們，對他們丈夫的一種信任。然而，作為一位好的賢內助，不僅要永遠站在丈夫身邊支持他，還要幫助他處理好家庭問題，解除他的後顧之憂。為什麼這麼說呢？因為家庭問題，是創業者放在重要地位的大事。家和萬事興，如果沒有和睦美滿的家庭，創業者就無法集中精力做事業；如果沒有興旺發達的家庭，創業者的事業再發達也沒有多大的意義。

有人將家庭比作避風的港灣；有人將家庭比作溫暖的火爐；也有人將家庭比作溫馨的搖籃。這些都說明了一個道理：人人都關注家庭，人人都渴望擁有一個和諧幸福的家庭。家，恰如其表，它就像一把保護傘，替我們擋風遮雨，祛暑避寒！

俗話說：「妻賢夫興旺，母慈兒孝敬，眾人拾柴火焰高，十指抱拳力千斤。」所以，家庭和睦對一個人的順利成長具有不可或缺的作用。古也罷，今也罷，一個人生活的苦樂、心情的好壞，甚至事業的成敗，都與家庭是否和睦緊密相關。家庭，對於每個人來說，都是得之不易的。

家和才能萬事興，「和」是手段，「興」是目標。我們的生活就是為

了安康、幸福和美滿。自古以來，人們便知道了家庭的安定對事業興旺的重要，所以才有這樣兩句老話，一句是安居樂業，另一句是家和萬事興。作為妻子，不要忘了和另一半組成家庭的目的：為自己深愛的丈夫創造出一個舒適的、溫馨的港灣和充電站。聰明的妳應該想想，當妳的丈夫工作了一天回來之後，他回到家裡希望擁有怎樣一種氣氛？哪一種氣氛才能使他在每天早上起來之後，精神飽滿地去工作？這個問題的答案，與妳丈夫的成功密切關聯。為了能夠讓丈夫有更高的效率工作，妳必須保持家庭的和睦，做一名賢內助。

但是，想要成為一個合格的「賢內助」，也並不是一件輕而易舉的事情，必須注意以下幾點：

★ **成為丈夫最理想的合作者**：不管怎麼說，做妻子的一方，如果一味做出犧牲，就會潛伏下與丈夫思想上拉大距離的危險，甚至會導致雙方的感情破裂。因此，在對待有事業心的丈夫時，妳不可單單強調家務、生活等方面的輔助，更多的應是把丈夫的事業視作自己的事業，並參與其中，共同追求，讓自己成為丈夫最理想的合作者。這樣的妻子在丈夫事業向前邁進的時候，是永遠也不會被遺落在背後的。

★ **給予丈夫貼心的關懷和幫助**：男人有時候是很脆弱的，尤其是當他陷入矛盾、遇到困惑、遭遇挫折時，更需要有一個溫暖的家，一個體貼的妻子！因此，女人要細心觀察、研究丈夫的情緒變化，在他們最需要的時候，給予最恰當的幫助和最貼心的關懷，才有利於成就美滿的家庭，妳的丈夫才會取得更大的成功。

★ **不要一味地給丈夫施加壓力**：有些女人往往有很強的虛榮心，所謂「夫榮妻貴」，此外，她們往往還有很強的依附心理，所謂「只有藤纏樹，哪有樹纏藤」，為了滿足她們的虛榮心和依賴性，她們不惜給

丈夫施加各種壓力。當然，鼓勵丈夫發憤圖強並沒有錯，但是，如果不根據實際情況，製造壓力，可能會適得其反。

★ **要有足夠的信心**：當妳把家裡的一切都打理得井井有條，丈夫卻從來沒有表達過感謝時；當妳穿上一件新買的衣服，丈夫卻沒有給予期望的讚賞時，女人往往會產生這樣的疑慮：為什麼自己總是被忽略？丈夫是不是有了外遇？事實上，夫妻間的感情必須建立在相互信任、相互尊重、相互了解的基礎上，而猜疑恰恰違背了這些原則，它是夫妻真摯情感的殺手。婚姻中倘若有了猜疑，悲劇便會產生，生活中這樣的例子已發生了許多。所以，妳不要總是猜疑自己的丈夫，更不必杞人憂天害怕自己會被遺棄，而要對婚姻有持久、足夠的信心。

● 寵他的胃，拴他的心

打開男人的心有兩條通道：一是感情通道，二是食道。想要控制男人，得先控制他的胃：走進廚房，不僅可以整理自己的心情，還可以把愛融入其中。可口的飯菜是老公永遠的惦記，即使外面很精彩。愛情親情在廚房裡延續，那麼妳就會是一個幸福的女人。

在古代，廚房天經地義是女人的領地。一個女人的才藝與廚藝，應是衡量這個女人賢惠與否的標準。直到今日，女人「入得廚房、出得廳堂」，還是許多男人夢寐以求的擇偶標準。

有句經典名言說：「想要拴住男人的心，就先拴住男人的胃。」英文裡面有一句話是說：女人如果想討好男人，必須給他做好吃的。事實的確是這樣。相對美滿的婚姻，都是夫妻雙雙津津有味地到處找好吃的東西，吃不到一起就肯定住不到一起。

蘇東坡一生有三個女人。在他死後，是與一個丫鬟葬在一起的。因為這位丫鬟陪伴著蘇東坡的後半生，經常為他備下酒小菜，這在某種程度上大大激發了蘇東坡的創作熱情。可見男人的心與胃是緊密相連的。

男人的胃對女人很重要，而女人有時候不得不改變自己的口味來迎合男人。很多嫁給老外的女人，原來肯定是根本不沾奶酪之類的食品，而現在卻非常重視發掘有好奶酪的商店。朋友一起吃飯，她們也能夫唱婦隨地跟著啃奶酪，而且有時候還讚不絕口。對自己丈夫的「洋胃口」有鑽研精神的女人，還學會了給奶酪配酒，讓所有人都認為她的「胃」已經真的「嫁雞隨雞，嫁狗隨狗」了。

當然，現今社會男女平等，男人女人都有一份自己的工作，都有各自需要操心的事，為什麼就得讓女人辛苦付出，去抓住男人的胃呢？何況，家庭是雙方的，需要雙方精心維護，誰有空誰做飯。如果妳能找到負責的傭人幫妳做飯，或者妳就是喜歡天天上餐廳、叫外賣，就另當別論了。

但是，無論是從家庭天倫之樂的角度，還是營養與飲食的關係考慮，也要重視一頓晚餐。試想一下：華燈初上，夜幕降臨。餐桌上，擺放著三四個色、香、味俱全的小菜，或者，再來點葡萄酒、啤酒。一家人圍坐在一起，津津有味地吃，輕聲地說笑，是多麼愜意的時光。用餐完畢，帶著這份愜意，又各自忙各自的事情去了。

其實，要做好一頓晚餐也並不太難，主要是兩點：一是觀念，二是巧思。所謂觀念，除了上面提到的，還有膳食平衡與健康的關係。萬事觀念在先，只有心底有強烈的意識，妳才會孜孜不倦、持之以恆。所謂巧思，就是稍微花點心思，做到既快又好。

晚餐大致可以這樣安排：有海鮮類、肉類、素食類、湯類，三菜一湯或二菜一湯。冰凍的或容易存放的海鮮類有：蝦仁、北極蝦、赤貝、海蜇

頭、海蜇絲、白帶魚、黃魚、烏賊等。肉類有：牛輾、小排、大排、五花肉等。蔬菜及其他：馬鈴薯、蘿蔔、海帶絲、裙帶菜、胡蘿蔔、青椒、花菜、番茄、雞蛋、青豆、玉米、豆腐、黑木耳、芹菜等。

當然妳不必在週末全部準備好，可在週三增加一次。這樣，週末既不會太累，還可以保持一週的新鮮。妳可以將大排、白帶魚、黃魚下油鍋煎好備用（清蒸就不必了），五花肉、大排燒好，牛肉湯或小排湯燒好。

根據以上的準備，妳可很快搭配出有海鮮、有肉、有蔬菜、有湯的一頓晚餐。比如：紅燒或清蒸帶魚、小黃魚；紅燒肉或大排；拌海帶絲或裙帶菜、海蜇頭、海蜇絲；番茄蛋湯或番茄炒蛋；蝦仁豆腐（放點胡蘿蔔丁、小青豆）、牛肉馬鈴薯湯、小排蘿蔔湯、花菜、青椒、黑木耳炒芹菜；豆汁蒸赤貝；烏賊炒芹菜。如果有空經過菜場，妳可順帶些新鮮綠色蔬菜回家。這樣的一頓晚餐，一個小時之內完全可以搞定，當然，晚上睡覺前或下班的途中，妳還得花點搭配的心思。

女人白天忙碌，下班後匆匆趕回煮飯的現實又嚴峻地等著我們。只要我們懷著對家人的愛，動點腦筋，巧作安排，又快又美味的晚餐就等著我們享用了！

男人遇見一個入得廚房的女人，是他的福氣；女人若遇見肯為她下廚房的男人，也是她的福分。

魅力女人懂得在適當的時候讓老公下一下廚，讓他也體會一下女人的辛苦，要不然肯定會助長男人的大男子主義。妳想：他每天一回家就有熱騰騰的可口飯菜，一吃完便嘴角一抹、溜之大吉，剩下滿桌的狼藉讓妳收拾。久而久之，他便會習以為常，以為一切都是天經地義，日後稍有怠慢，他便耍起大男人的脾氣。到了這等地步，哪怕妳暗自傷神、嘆息、垂淚也枉然。所以時不時的，妳還得讓他去外食，目的不僅在於換一換口

味，還要讓他知道，外面的菜是多貴，還有再怎麼山珍海味，也吃不出
「家」的味道，千好萬好沒有老婆煮的菜好。

如此說來，廚房也是幸福女人爽點心機的地方。一個男人吃慣了妳煮
的菜，一旦離開了妳，肯定有一萬個不習慣，即使外頭的飯菜再香，他也
會貪戀老婆煮的家常小菜。

熱愛廚房，說到底是源自於對妳愛的人，與愛妳的人的愛。因為愛
他，所以妳就會想辦法讓他快樂，讓他的胃口快樂。從這方面說，愛廚房
就是「悅人」，能悅人的人，自然也會因為別人能悅自己 —— 他們因為
妳的廚藝而快樂，當然也因為妳而快樂，他們的快樂當然也就是妳的快
樂。一個女人，能因為愛廚房而悅人，自然也就能悅己了。

● 會「賣」面子的女人有人疼

人，只要他不是獨自生活在地球上，還需要與其他人打交道，就需要
一種東西：「面子」。男人，尤其需要面子。面子，維護著男人做人的尊
嚴，也讓男人的虛榮心得以惡性膨脹。有時，男人們甚至到了「死要面子
活受罪」的地步。

人活在世上，飯是一定要吃的，面子也不能不要。但面子應該留多
少，卻不是一件容易掌握的事。掌握得好，就是做人做得瀟灑自在；掌握
得不好，總顯得彆扭扭的，就是不會做人。

女人出門，衣服要漂亮、別緻、大方，衣著光鮮，步伐才邁得出去。
男人在外要面子，陽剛、自信、威嚴，面子撐不住，外頭混不開。男人有
了面子，女人就守住了愛情，這道理並不難懂。只是，天資不敏的女人，
跌跌撞撞多次，才能領悟其訣竅。

　　女人穿漂亮衣服，也是給男人面子。有這一條，女人可以放心大膽買衣服，不必擔心男人陰陽怪氣。招數很簡單，平常注意維護男人的面子，臨時買衣服時柔聲提醒：「我穿這件好看點的衣服，跟你出門的時候，才不至於丟你的面子啊！」十個男人，九個吃這一套，還有一個連面子都不要的，不能算是男人。千真萬確，女人要衣服，男人要面子。女人領悟了其中的訣竅，才能夠穩穩駕馭男人，牢牢掌握住自己的幸福。

　　來自臺中的王先生在臺北開了一家餐廳，生意非常好。一天，餐廳打烊時，妻子正為一件事大發脾氣，王先生怕挨打，情急之下逃到餐桌底下，恰好這時候，有位熟客返回來尋找遺落的東西，正好撞到這滑稽的一幕，王先生處境很尷尬。這時八面玲瓏的王太太急中生智地拍拍桌子說：「我說抬，你要扛，正好來幫手了，下次再用你的神力吧！」王先生順坡下驢，直誇妻子想得周到，一場面子危機，就這樣在巧言的妻子嘴裡輕鬆化解了。

　　由此，女人應該知道，給男人面子，就是給自己面子；為此，女人應該懂得，即使是在家裡，也絕對不可以對老公指手畫腳，在公共場合不曝光老公的小毛病。

　　其實一個女人給男人面子，從而會激發他們的更多優勢，對自己更有信心，從而做得更好。有句話說得好：男人的一半是女人。因此，女人要給足男人面子，以促使他們積極向上，有錯就改，無錯加勉。

　　現今的社會，女人早已不是依附於男人而生存，這已經讓有些男人心理失衡，如果再不給男人面子，家庭生活必定會是矛盾重重。倒不是說男人的心態不好，幾千年來造成的問題，不是一朝一夕就能煙消雲散的，女人不再是過去那種唯唯諾諾的女人了，她們可以自闖一片天。面子問題，也就因此而生了。

　　在任何時候，給男人面子，不是讓女人委曲求全，而是要給男人體面

的自尊。這樣既有助於家庭和睦，同時還會使您得到男人更多的關心和體貼。

男人在外打拚，勞累、委屈他都可以不在乎，但他不能失去男人的尊嚴。確實，只要不違背原則，女人可以暫時委屈一下，給男人一點面子又何妨呢？常言說：量大福大。大度的女人，也更令男人加倍地尊重自己。

總之，對於一個家庭來說，首先要有「歡樂氣氛」。如果丈夫的潛力沒有發揮出來，女人就應該給他創造一個發揮潛力的環境。作為妻子，指責或是挑剔都是不應該的，因為面子對於男人來說可能是在社會上立足較為重要的東西。

面子，在某些時候對於女人來說並不難，只要不損害原則問題。給男人面子，在某種程度上，女人自己也會得到好感和尊重。一個得理不饒人，或是自恃其高、咄咄逼人、目中無人的女人，一點面子不留給男人，相信很多的男人都會避而遠之，特別是在一些人多的場合，男人說錯了，作為女人，千萬不要當面指出，私底下更正，更正的語氣也不是平日裡那樣直接，應該比較委婉，既讓他明白自己哪裡錯了，也讓自己沒有心理負擔。不然的話，男人會有明知是錯而不糾正的心理。女人這樣做，與俗語的「給個臺階下」是大同小異的。

作為一個魅力女人，如果想要做到不失身分，維護丈夫的威信，並贏得丈夫的好感和敬重，只要做到以下幾點就可以了：

★ **不碰老公痛處**：在生活中，如果不是為了某種特殊需要，一般應盡量避免觸及對方所忌諱的敏感區，避免使對方當眾出醜。心理學研究表明，誰都不願把自己的錯誤或隱私在大眾面前「曝光」，一旦被人曝光，就會感到難堪或惱怒。

★ **約束自己的言行**：避免使用命令口吻對丈夫說話，或做有損於丈夫威信的事情。一般說來，在家庭這種特殊場合中，是最容易把夫妻之間特殊關係的本來面貌表露無遺的。作為女人，如果稍不留意，就會本能地把一些不該暴露的言行下意識地表現出來，使丈夫丟臉。

★ **非緊要地方不妨裝傻**：雅婷和丈夫結婚已有 10 年，夫妻感情依然你儂我儂。她的祕訣是：給老公最大的面子。在她臥室的牆上有一個字條，上面是她制定的「家規」：第一條：歷史證明老公永遠正確，一切事情都由他做主；第二條：萬一他不對，仍參照第一條執行。後來老公在感動之餘又添了一條：夫人享有總裁決權。

★ **不揪別人小辮子**：在婚姻生活中，誰都可能不小心犯點小失誤，比如講了錯話，說錯對方親戚的名字等。當我們發現對方出現這類情況時，只要是無關大局，就不必對此大加張揚，故意搞得人人皆知，更不應抱著譏諷的態度，小題大做，拿他人的失誤在眾人面前取樂。因為這樣做，不但會使對方難堪，使他對妳產生反感或報復心，而且也有損妳自己的形象，容易使別人覺得妳為人刻薄，從而對妳敬而遠之，產生戒心。

★ **待他不妨謙和些**：對於男人，不要以為妳告訴了他，他就會按照妳的要求去做，當我們希望得到既定的結果時，一一定要為對方的接受程度考慮。比如他在刷牙後，總忘記把牙膏蓋蓋上，妳就多說幾句「請記得蓋上」，而不要向他頻頻甩出「不要、不准」之類的話語，那樣他一定會欣然接受，而不會惱羞成怒，更加助長自己惡習。

★ **內外有別**：不管妳在家裡把老公當做飯鍋還是當做吸塵器，一旦涉及他的面子時，一定要小心謹慎，就像手捧一件古老、珍貴的瓷器。給他足夠的面子，才能獲得「高額回報」。

★ **不妨陪他一起流淚**：其實男人很累，睜開眼便是各種責任和義務，他們不敢承認自己也有非常脆弱、需要關懷的時候。在他志得意滿時，請給予他足夠的欣賞；當他遭遇了不公和挫折時，不妨陪他一起流淚。然後儘快忘卻，舊事不提。

★ **多練心**：記住，不是操心是練心，如果妳想給足男人面子，還是要多多練心。妳的修養，妳的談吐、風韻、面貌、智慧與笑容，都是幫襯男人面子的重要組成部分。要不然只有玉樹臨風，沒有佳人相伴，那面子最外層的金邊該怎麼貼呢？

● 解讀婆媳相處的幸福密碼

自古以來，婆婆與妻子的關係問題，一直被列為家中最難念的一本「經」。這主要是因為她們分屬兩個年齡階段的人，對事物的看法、觀點不同；再者，她們沒有血緣關係，婆婆總會有那種妻子分了兒子對她的愛的感覺。因此，婆婆與妻子的矛盾往往異常激烈。

一個男士曾這樣說過：「男人在家裡最難過的時候是什麼？就是自己的親媽和自己的妻子發生矛盾的時候。你說，都是自己的至親至愛，該向著誰？」

家庭生活中，婆媳關係非常重要，會直接影響整個家庭的氣氛。但是，在我們的家庭生活中，最難相處的就是婆媳關係。這是因為在習慣上，妻子是一個外來人，她的到來，使家庭其他人的心理一時都不適應，特別是婆婆。作為兒子的母親，會覺得兒子與自己一下子疏遠了，被妻子奪走了。正是這種心理，使得婆媳關係變得緊張，難以協調。

有這樣一對婆媳。兩個人都很聰明，也很能幹，風格獨具，非常可

愛。當她們分別與各自的朋友相處時，總能為各自的朋友帶來愉悅。但這兩個人緣極佳的女人，若以婆媳身分相互面對，令人意外地卻總充滿了微妙的緊張、競爭的關係，以及對對方的不滿。結果，家庭總是充滿了不和諧的聲音。

好心的朋友建議她們，不妨把對方看成是「另一個母親或女兒」，但屬於 21 世紀的年輕女孩則難認同。「不是我不願意這樣做」，她解釋，「而是平常我在家，最喜歡和我老媽頂嘴了，事後我們還是照樣可以手牽手一起去逛街。可是和婆婆哪敢？如果不小心說錯話，那就死定了……。」而婆婆也認為，即使她很想把妻子當女兒看，可是「畢竟沒經過十月懷胎，感覺不一樣就是不一樣！」

這種認識是一種普遍心理，正是這種心理導致婆媳矛盾。在其他事情上兩個意見不合的女人，在認為朋友的建議不切實際這一點上，反而倒達成了共識，認為彼此無法溝通。

其實，極好相處的兩個女人卻無法和平共存，關鍵不在於彼此無法形同母女。由於婆媳各自的不同身分，使雙方都缺少了安全感，甚至在潛意識裡互相把對方當成了假想敵，於是與朋友相處時的那份親熱、從容消失了，取而代之的，卻是許多不必要的防衛、猜忌與挑剔。她們鬥爭的目的就是為了爭奪一個人——那個與她們命運相關的男人，那個既是兒子又是丈夫的男人。當然，不安全感和假想敵意識的產生，與我們這個婚姻文化中，女性的地位變化有關。換言之，傳統婚姻中的妻子，是備受壓抑的角色，她在婚姻中的唯一指望，便是有朝一日兒子娶妻後，能升格為「婆婆」，攀登至這個家庭權力的頂峰，去享受婚姻所帶給她的最大、也是最終的報償。因此，婆婆首先要求兒子必須服從母親、報答母親，妻子應該放在第二位。而妻子要求丈夫全心全意愛自己，因為自己才是與之共度一

生的人。在那種禮教森嚴的年代，即使婆媳互有心結，也終因妻子絕對的逆來順受，而不致表面化、衝突化。因為那是一個沒有婆媳問題，至少婆媳問題被壓抑埋葬的時代。然而，當傳統禁忌在現代社會中開始瓦解，受過教育且具有獨立自主意識的妻子，一旦因婚姻而成為介入母子之間的「第三者」，似將取代母親在兒子心中的地位與影響力時，嚴重的失落感、危機感與威脅感，便在那身為婆婆的女人心底產生了。而為了確定自己在婚姻中的主權，不再隱忍壓抑的妻子，也很本能地與婆婆發展出相互較勁、抗爭的關係。

其實，在一起生活，婆婆和妻子之間難免會有摩擦發生，偶爾一句不中聽的話，一件令妳不高興的事，過去了就過去吧，別總記掛在心裡。大聲爭執絕不是明智的做法，老公為難不說，婆婆還認為妳不懂事，又氣壞了自己，得不償失。就算婆婆與妳爭吵，妳都不能回嘴，只要不撕破臉，什麼事情都有餘地。那些小事就讓它過去吧，婆婆說就讓她說幾句，願意聽就聽兩句，不願意聽就當做沒聽見，和和氣氣還是一家人。

林嵐在處理婆媳關係上就很有一套。對待婆婆，林嵐在幾個妻子裡出力不是最多的，卻是名聲最好的。過年過節，如果林嵐不到，婆婆絕對不開席。婆婆家這邊有個什麼事，都會問問林嵐的意見。

林嵐很會做人，逢年過節禮數絕對做全，老人家的生日更是重視，平時也常常會買些小禮物什麼的。老人愛吃點心，林嵐時不時還買些給婆婆，把老人家哄得開心極了。有時即使在有的事情上吃虧了，林嵐也絕對不鬧，下次記得記取教訓就是了。

林嵐說道：「不能要求婆婆像親媽那麼疼妳，但是妳要以對待親媽的心態來對待婆婆，處處要做到尊敬和禮貌，再大的委屈，也不能當場發作，畢竟她是妳深愛的人的母親。」

　　在家庭中，有些事不是透過講道理就能說清的。所以作為兒媳，妳應該是講「禮」，而並非講「理」。和婆婆爭論，永遠都只有吃虧的份，因為她的身分就已經決定了她的話、她的決定是不可以被反對的。與其吃這個裡外不討好的大虧，還不如聰明一些，吃點被婆婆教訓幾句的「小虧」，至少這樣，妳的老公不會為了妳惹他母親生氣，而減少對妳的疼愛。

　　既然妳愛老公，就要理解兒子對母親的心情，就要和他一起尊敬他的媽媽。從小在家，我們也挨過不少母親的數落，那為什麼婆婆數落幾句妳就承受不了了呢？

　　我們不滿也好，委屈也好，生活總得過下去，與其抱著難受的心情生活，不如從自身做起，改善關係。她是一位老人，我們受點兒委屈算什麼？我們應該做些讓步，學著吃些「小虧」，善待她一些。婆婆不是冷血動物，妳的好她會記得，妳的老公也一樣會感激不盡。做這樣的女人才會真的幸福。

　　那麼，具體該注意些什麼呢？

★ **兩個女人能放下對立意識，卸除「婆」與「媳」的沉重包袱，重新把對方提高至一個「人」的位置**：設想那是今生有緣相遇的一位朋友，從這樣的基礎出發，也許婆媳的故事才有重新改寫，並邁向「另一個母親與女兒」境界的可能。

★ **彼此調劑自己的心理，都要學會適應新情況，根據新情況採取新的生活方式，改變過去的習慣**：作為妻子，到了一個新的家庭，就不能按照過去的習慣要求對方順應自己，而是妳必須適應這個新家庭。作為婆婆來說，媳婦走進家門，就是家庭的一個成員，需要接受她，因為畢竟妳的兒子已經把她領進了這個家庭，妳就不能把她當做外人來看了。

★ **婆媳都需要替那個妳們都深愛著的男人著想，不要剝奪對方愛的權利**：各自按照自己的方式去實現自己的愛，應該互相包容，而不是互相排斥，這樣妳們的愛心就會產生和睦的家庭氣氛。

★ **稱讚婆婆**：婆婆是女人，女人都有愛美之心，儘管她年歲已高。如果妳婆婆保養得比較好，妳可以說：「媽，您可真是駐顏有術，稍微裝扮一下，別人怎麼也看不出我是您的媳婦，包準以為您是我的大姐。」這時婆婆肯定會假裝罵妳幾句：「傻媳婦，別取笑我了，頭髮都白了一大片了，還怎麼能和妳們年輕人比。」可她心裡卻喜滋滋的，說不定晚上還偷偷地照照鏡子，欣賞一下自己。

● 呵護好自己的孩子

孩子是父母的全部寄託和希望，他代表著一個家庭的未來。有很多夫妻在還沒有成為父母的時候，就羨慕別人能夠有自己的孩子，一旦自己有了孩子，也會歡天喜地。但是在歡喜之後，父母必須考慮另一個問題：現在大多數家庭都只有一個小孩，而隨著年齡的增加，孩子也會慢慢地形成自己的世界觀、價值觀。

然而，我們經常看到媒體不斷報導的未成年人自殘和犯罪的事實，為什麼這些孩子會變成那樣，變得如此冷漠無情而不懂得珍惜生命呢？當我們追根溯源時，就會發現，他們的行為往往和早期傷害有關。

哈佛心理學教授認為，親子關係是家庭關係中最為穩固的關係。因為它具有不可解除性，現代夫妻關係的穩定性已經變得越來越脆弱。但是，親子關係因其血緣關係而不可替代。同時，親子關係一旦產生，就具有永久性，這是任何外力也無法改變的。如果父母不能正確地教導孩子，親子

關係處理不好，會帶來極為嚴重的後果。

　　父母對孩子採取什麼樣的態度，對其以後的人生將產生非常重大的影響。很多例子都證明，孩子的道德品格，與家庭的教育有直接關係，人的許多重要的特質，如同情心、自尊心、獨立性等，在許多方面，都取決於父母與子女良好、平等的關係。如果父母與子女之間缺乏愛的關係，缺少平等，則常常導致孩子心智發育不全。

　　每個父母都會愛自己的孩子，但愛是一門需要學習的藝術。僅以本能的愛去對待孩子，那樣的教育方式已經落伍了，正是在這種互相之間不平等的情況下，父母們常常用錯誤的思想觀念管教孩子，結果卻適得其反。有的以愛的名義虐待孩子，有的用愛的理由嬌慣孩子等等，這些不平等的做法，會讓孩子產生叛逆或者貪圖享樂的心理，對他們的將來產生非常不利的影響。

　　由此可見，對孩子的教育既是一件大事，也是一件難事，許多家庭都只有一個小孩，很多人都沒有培養小孩的經驗，不知道要怎樣做才能讓孩子健康快樂地成長。

　　有一個智慧的母親講述了自己的故事：

　　那天是我休假在家的日子，吃過早餐後，我帶兒子去逛超市。當經過玩具櫃位時，兒子盯著「挖土機」不肯離開。他從小到大都很喜歡車子，大大小小的玩具車占據了半個儲藏室。由於前段時間，他爸爸剛剛給他買了個玩具「挖土機」，所以我沒同意再買。他一聽便哭著請求我，氣急之下我就對著他的屁股一頓猛揍。

　　也許是正氣頭上所以出手太狠，小小的屁股上，縱橫交錯著十幾道血痕。超市裡幾十雙眼睛朝我們投來，有同情的、有責備的、有不解的。我立刻意識到了自己的失態、可憎。正當我陷入深深的自責時，一個聲音向

我傳來：「把孩子當朋友，年輕人。」我扭過頭去，只看到了一個高大的背影。

兒子哽咽著哭了半個多小時，並且說買玩具是送給我的生日禮物。那瞬間我說不出話來。

後來，我一直在反省自己。我和兒子相互承認了錯誤。從此以後，我開始嘗試著改變自己。當孩子犯錯時，我把孩子當朋友，就這樣，我和兒子之間，建立起了互相的尊重。假日我們一起玩「石頭、剪刀、布」的遊戲，一起去湖邊赤腳堆沙，一起在晨光中朗詩頌詞。陪著孩子一起在玩中學，在學中玩。這樣不僅豐富了孩子的知識，拓展了孩子的視野，而且開發了孩子的智力，提升了孩子學習的興趣。孩子變得更加活潑開朗、自信滿滿。

這位母親為什麼能夠博得孩子的歡心呢？原來，是她在意識到自己的錯誤後，能夠及時地反省自己，並且能夠謙虛地放下做家長的架子，和自己的孩子交朋友。

其實，與孩子做朋友並不是一件非常困難的事情，最主要的一點是找時間陪孩子說說話。但是，這在現代社會聽起來幾乎有些不可能。這是一個經濟快速發展的時代，更是一個競爭激烈的時代。幾乎每個人都在與時間賽跑，忙著拚命賺錢，忙著追名逐利，忙著酒肉應酬。為了跟上時代的腳步，所有的人都在奔跑，分秒必爭。他們確實賺了大把大把的鈔票，但同時也忽視了一件非常重要的事情：與孩子一起學習，一起活動。沒有共同的時間，就無法和自己的孩子交流溝通，就無法知道孩子的內心想法，無法了解孩子的心理需求，也無法隨時為孩子指明前進的方向。

所以，聰明的父母都應該從繁忙的工作中，抽出一部分時間來和自己的孩子相處。有了共同時間，親子之間才有可能相互溝通、相互傾聽、相

互理解、共同學習、共同活動，父母才能更好地與孩子相處，才能更好地教育孩子。

　　心理專家和育兒專家認為：父母對於孩子身心成長的意義，比人們想像的重要得多。如果父母能更常參與培養孩子的過程，對孩子也是一種更持久的幸福。

　　不可否認的是，夫妻在教育孩子的問題上，有時會出現某些意見不合的情況，並且經常缺乏溝通，沒有一致明確的態度，形成「唱反調」的場面。一個黑臉，另一個白臉；一個說錯，另一個說對；一個要打，另一個要護；一個批評不是，另一個表揚長處。夫妻倆各有各的理由，互相不服，結果引發爭吵和矛盾，傷害對方感情，破壞家庭和睦，並使孩子在父母之間處於游離狀態，無法接受有效教育。具體表現為：使孩子無從判斷究竟該聽誰的；使孩子犯了錯還覺得理所當然，缺點和毛病永遠難改；使孩子變得乖戾，缺乏健康的人格和心理素質。因此，這種做法對孩子是極其有害的，應當堅決避免。夫妻之間應該增加信任，減少對立，在面對孩子時步調一致，一體同心。

　　那麼，夫妻該如何面對孩子的教育呢？

★ **不要把孩子當擋箭牌**：當教育孩子意見相左，產生分歧時，一定要相互容忍，保持冷靜。許多不明智的夫妻，往往互不相讓，相互爭吵，甚至大動干戈，對孩子造成了嚴重的負面影響。

★ **夫妻倆應該心平氣和，對各種分歧產生的原因進行明確的分析**：有的分歧是關於孩子的，有的分歧則可能與孩子毫無關係。當夫妻倆總是為同一個問題而爭吵時，其根源多半不在孩子身上，而在夫妻關係上。另外，在夫妻的衝突、爭論中，千萬不要把孩子當成擋箭牌。

★ **協商管理**：夫妻雙方在對待孩子方面，出現不一致，甚至是截然相反的態度是不可避免的。重要的是，夫妻間應該找出時間，一起溝通，交換一下對孩子的看法，包括對孩子的評價以及一些偏見，從而達成共識，從孩子的實際情況出發，商量討論後，選取切合實際的方法。在互換看法時，不僅要看到孩子的缺點和不足，更應看到孩子的優點和長處；不僅要看到孩子落後的一面，更要看到孩子的進步。夫妻倆要從分享孩子進步的喜悅中，更好地調整雙方的態度和方式，從而更好地促進孩子的成長。

● 營造一個潔淨的「港灣」

作為女人，工作上要幹練獨立，生活中要溫柔賢淑——也就是說，要做個「出得廳堂，入得廚房」的女人。很多女性主義者很反對這種說法，覺得這種要求太嚴格，是對女性權益的汙蔑，覺得女性憑什麼就要既辛苦賺錢又給男人做飯？

其實，這個概念是要糾正一下的。我們不妨這樣想：飯是做給誰吃的？女人們說：我們辛苦做飯，還不是給男人和孩子吃的？

當然不對。女人做飯，為什麼就不能是給自己吃的呢？難道妳做完飯只是看著別人吃而自己不吃？

如果端正了這個態度，做飯就不是痛苦的事，而是美好地享受——吃自己喜歡吃的東西，這是一種幸福。

所以，我們完全可以做到這個樣子：受過高等教育，有自己的事業和獨立的空間，但絕不放棄家庭幸福。做女人，做到極品就是既事業成功又家庭幸福。

　　事業和家庭是我們生活中的兩個主角。我們努力工作，並希望因此而有一份豐厚的收入，但這並不代表我們是肯為事業放棄一切的女權主義者。對生活對感情，我們同樣認真對待，並希望感情可以更加溫馨、深厚，生活可以更加美好，但我們絕不會因此放棄職業上的努力。對先生，我們的政策是「懷柔與大棒並行」，也就是說，溫柔第一，但也不能慣壞了他，必要時給他點冷板凳坐坐，免得長了他的「驕氣」。

　　所以，工作的時候，我們做英姿颯爽的職場女子；休閒時間，我們也是出得廳堂、下得廚房的標準太太。這其實就是一種酸甜平衡，無論職場中多麼腥風血雨，回到家，我們同樣有甜蜜的空間。

　　要做這樣的女子，事實上並沒有想像中那麼困難，市場上通用的烹飪書就有這樣的指南效果。在不長的時間裡，安排時間做好兩菜一湯，挺實用，也挺浪漫。

　　當然，在此之前要糾正一個概念 —— 不要因為自己初次下廚，做出來的飯不好吃，就再也不做飯。誰都不是天生就會做飯的，只有不停地學習，才能掌握最佳的火候。熟能生巧，做飯和很多事情一樣，也是這個道理。

　　家務是做給自己的，這個概念首先要確定。住在整潔的房子裡，吃自己想吃的東西，這些都很關鍵，能令我們體會到家的美好。所以，雖然我們並不需要變成洗衣婦、廚娘，可是必要的技術也應該具備，因為這首先提高的是我們自己的生活品質。

　　把家庭收拾得乾淨整潔，富有溫馨、浪漫的氣氛，這是妻子的首要任務。但是，不必什麼家務都攬上身，可以調動家裡的其他成員一起來做。打掃衛生是一件辛苦的工作，可以等到假日，全家一起動手做。這雖然是一件辛苦的事，但卻可以用一種輕鬆的心情來做，而且還要把這種輕鬆的

心情，傳達給每個家庭成員。這樣，即使是工作，也變成了增進家人感情又有意義的活動。這也是展現一個妻子魅力的時候。

一個漂亮明亮的家，永遠是家人最喜歡待的地方；相反，一個邋遢的家，不但讓人不願待，時間長了，還會影響到夫妻之間的感情。我們先來看一個故事。

李明和妻子小麗結婚十多年了，他們的兒子已上小學，妻子小麗把兒子培養得不錯。原本對於她，李明是無可挑剔的。

小麗通情達理，尤其對待金錢，她看得很淡。她認為錢財是身外之物，多了多花，少了少花。再者，在對李明家人的態度上，小麗更是無可挑剔，不但常常關心問候，還常以實際行動去幫助李明的家人。小麗的這些舉動，讓所有人說不出個「不」字。對於這些，李明更是心存感激。

在外人眼裡，他們是幸福的一家三口。李明自己也一直慶幸娶了個好老婆。但時間久了，李明感覺和小麗之間有了距離感。他們沒有什麼實質上的衝突或者觀點上的不同，其實這種感覺，全是日常生活習慣所造成的。

李明喜歡家裡乾淨些，物品放得整齊些，個人衛生好些。他不僅希望如此，並且平日裡他也是這樣做的，但是妻子小麗對這些卻不是很在意。

剛結婚時候，李明家庭的經濟條件差些，也沒給小麗買什麼像樣的東西，家電都是妻子從娘家帶來的，就連結婚的錢也是借的。因為這些，李明感覺欠小麗很多，因此在生活中都會盡量去照顧她，盡量多做些家務，以彌補對她的愧疚。結果習慣成自然，十多年過去了，小麗養成了眼裡沒有家務的習慣。由於工作的原因，她每天回到家都是晚上六點之後，因此做晚飯都是李明的工作。剛開始他還能適應，可是隨著工作壓力的增大，年齡的增加和家庭負擔的加重，李明開始有些力不從心。

　　他也曾試著和小麗說起過，小麗總是能半開玩笑地接受，不過都是只能堅持幾天。規勸的保固期一過，小麗仍是不懂得整理家務。李明常在心裡對小麗說：「我只是想要一個整潔有序、乾淨清潔的家。」怕傷及小麗的心，所以李明一直都沒有說出口，但是兩人之間的隔閡，卻早已根深蒂固。發展到最後，李明連離婚的心思都逐漸滋生出來，還差點失足有了外遇。

　　也許妳不會相信，生活中這一點點小事，會影響到婚姻的牢固，但是妳不得不承認，混亂的家，是一個男人的悲哀。平常生活習慣上的一些壞習慣、小毛病，發展到一定程度的確有殺傷力。所以，作為一個女人，萬萬不可忽略生活中的細節，要關注妳的伴侶的想法，發現了問題要及時解決。只有這樣，婚姻的圍牆才能越來越堅固。

　　在家庭生活中，女人不要和男人太過計較家務，瑣事大多細碎而需要耐心。女人天生心靈手巧，女人天生勤勞吃苦，女人天生愛清爽整潔，都決定了女人不得不擔負更多的家務勞動。男人在前方拚搏，深切渴望後方是寧靜的港灣，有著清新的空氣，有著美味可口的飯菜，有伊人的似水柔情，有安靜和睦的氛圍。這種種，如同陽光雨露般不可缺少。這樣男人疲倦而歸時，身心才得以充分得到慰藉，才能盡情放鬆，拋棄一切煩惱和壓力，完全恢復體力、補充能量，激發起明天拚搏的勇氣。

　　家庭有一股凝聚的力量，能將這種巨大的力量注入我們的血肉之中。家庭的氛圍，將影響到我們對世界、對社會與對人生的看法，甚至會影響到我們的一生。生活是一種無止境的挑戰，同時也會不斷給予我們去面對這些挑戰的信心和才能。此外，家還教會我們下定決心，去實現一個人之所以能成為人的價值，而不必去東施效顰，盲目地跟在他人後面亦步亦趨、人云亦云，也不必為了什麼名利地位而改變自己。

幾乎每個女人在整理房子的時候，都有自己的一套「理論」，且不論付諸實踐時的效果如何，個性是主要的。我們來看一位女性朋友做家事的獨到「理論」：

★ 做家事是長久的事情，要從裝修房子那一天開始考慮。不要只貪圖漂亮，而在家裡放一大堆亂七八糟的裝飾品。或許剛開始布置的時候很開心，但是到做起家事來，擦那些瓶瓶罐罐的時候，就將費大力氣了。因此，房間裡最好是簡潔大氣，寧可花大價錢在高檔的地板和沙發上，也不要那些無謂的裝飾品。

★ 選擇東西的時候，以方便為主。家裡的衣服、居家用品等要耐髒、好洗、方便使用。過日子，是過給自己舒服的，不是讓外人來觀賞的，一切以自己舒服為準。

★ 做家事想做得快，工具就要齊全，去汙水、漂白水、玻璃水、消毒水之類的東西，家裡要必備，因為這些東西會省去很多時間。

★ 養成隨手放好東西的習慣。這點需要家人配合。家人如果不配合，也行，把他亂放的東西丟到一個漂亮、專門裝東西的大盒子或者大櫃子裡，下次他要什麼東西，自己去翻就行了。這樣既不影響家的美觀，也不用花時間去整理。

★ 衣服常穿的一般都只有幾件，把常穿的衣服掛起來，就不用再疊衣服。內褲和襪子分別放在不同的衣櫃抽屜裡，找起來方便，也不會亂。

★ 換掉的衣服可以先放在一個專放髒衣服的洗衣籃裡。臥室裡有任何髒衣服、髒襪子之類的，都丟在裡面，積滿了，再倒到全自動洗衣機裡去洗。不要沒事就開洗衣機，浪費錢事小，浪費水資源事大。

★ 用吃完的精美小巧的糖果盒（有蓋的那一種）做菸灰缸，抽完菸就把蓋子蓋起來，放在茶几一角。這樣煙灰不會四處飛，也不會馬上要倒菸灰，而且也不會有菸味，簡直是比任何菸灰缸都好（當然，最好是家人不要抽菸）。

★ 整理一個書房，可以把客房做書房，有什麼書往書櫃裡放。這樣，用起來方便，看起來也乾淨整潔。

★ 把不必要的東西全丟掉，不要把家當成垃圾桶，放太多無謂且用不上的東西，一切以方便為主，舒服為主。

忙碌了一天後，走在華燈初上的街上，看著街邊透出的萬家燈火，若有一盞燈是為你而留，心裡肯定會感覺暖暖的。但試想，家裡若雜亂不堪，讓人根本不願踏足，那麼還何談放鬆？恐怕只能讓人遠遠地躲開，哪怕在外隨便漫步也不願回去。

飛鳥傍晚歸林，戀的是溫暖的巢穴；航船駛回港灣，渴望的是風平浪靜；那些在工作事業的激流中奮鬥的男人們，也需要家的溫馨、生活的寧靜和閒適。

● 給疲倦的婚姻放個假

人類是「喜新厭舊」的動物，兩個相愛的人相處時間長了，很容易產生「審美疲勞」和「另類生活疲勞」。這裡所謂的「審美疲勞」，就是和情人相處久了，眼前的情人已不再瀟灑或漂亮。其中有兩個原因，一個是因為人老色衰的緣故，另一個，是在彼此的眼裡，對方已經失去了新鮮感。所謂的「另類生活疲勞」，就是夫妻之間的愛情，已經成了家常便飯，隨著時光的流逝，夫妻間親暱的舉動不再有激情，心中的那份愛情已

經和性分離開來，從而使得夫妻生活顯得枯燥無味。其實，夫妻間在一起生活久了，便會失去在婚姻初始時所飽含的激情，這是非常自然的事，並不是說沒有激情的婚姻，就等於是一個失敗的婚姻。婚姻是否美滿幸福，這完全得靠妳自己去經營。在婚姻逐漸失去激情的時候，如果妳能夠及時地給婚姻注入一點激情，那麼，妳的婚姻就會永保青春的活力。任何兩個人，不管他們如何山盟海誓，不管他們如何下定決心長相廝守，都要及時給婚姻注入鮮活的元素，這樣妳的婚姻才能夠和諧而美好。

產生「審美疲勞」和「另類生活疲勞」的「禍根」，往往就是夫妻間要「長相廝守」。不可否認，永不分離是婚姻的承諾，但是有人卻把愛情中「永不分離」的誓言發揮到了極致，他們在婚後喜歡去追求「形影不離」，好像這才是「長相廝守」、「永不分離」，這才能表達出他們的真心誠意。其實，婚姻中適當的分離，往往更有利於一生的「長相廝守」和「永不分離」，因為這樣能給婚姻帶來激情。

有人說，「小別勝似新婚」、「距離產生美」，從身體和心理的角度說，適當的分離，不僅能給人在身體上有一個恢復，而且在感情上，會因為分別而思念，這些都是點燃婚姻激情的元素。

林達和羅娜是一對擁有 3 年婚齡的夫婦，兩人也曾有過美好的浪漫，但不知從何時起，這個小小的二人世界便陷入了無止息的爭吵。其實仔細想想，雙方並無原則分歧，只是妻子埋怨丈夫太過自私，丈夫指責妻子太過挑剔，由此引起的傷害越演越烈，兩人心裡都多了一份難言的酸楚。

終於有一天，性情直率的羅娜發話了：「林達，我們離婚吧」，林達很乾脆地說：「好吧，既然妳願意，我的心也就踏實了，省得覺得虧欠妳」，可沒想到林達的話剛一出口，羅娜就摀著臉哭了起來，而且越哭越凶。林達見此情景斟酌了一下又說，「要不我們就來個婚姻『休假』吧，

就是試離婚，兩人像離婚一樣分開，但不辦手續，這樣也好有充分的時間再考慮考慮。」

　　在一夜輾轉反側的不眠後，兩人終於達成了婚姻「休假」的共識。於是，按照協調的結果，羅娜留在家裡，林達簡單收拾了自己的東西，幾乎是滿懷解放的喜悅，離開了這個鬱鬱寡歡的房屋。

　　分手的最初幾天，羅娜並沒有什麼異樣的感覺，她反而覺得，原來離婚不過如此，這樣一個人自由自在不是挺好嗎？可就在頭一個週末的晚上，羅娜的空虛感一下子從心底全湧了出來，戀愛時那種如坐針氈的感覺又把她吞沒了，這到底是怎麼回事？沒有了林達的日子，羅娜覺得彷彿失去了整個世界。

　　與此同時，林達也正倚在床上，在煙霧繚繞的感傷裡回憶著羅娜的過去。眼下的林達和羅娜一樣，想到的全是對方的好處和優點：羅娜的單純和善良，羅娜的可靠和賢惠。林達甚至想：這樣的女人，我不該丟棄的。可他轉念一想：或許這是距離美產生的幻覺也說不定，再等一等吧。

　　半個月很快就過去了。羅娜明顯地消瘦了，林達對妻子的思念也使他變得越來越煩躁。於是有一天，林達終於撥通了羅娜的電話，可鈴聲一響，他又下意識地掛上了：我這是怎麼了，才剛嘗到了解放的寬鬆，何必再往婚姻墳墓裡跳呢？

　　羅娜這一方，經過這段「長長」的婚姻「休假」，她想到了自己的任性，想到了自己對丈夫的糾纏，發現是自己的挑剔傷害了丈夫的自尊。接下來她反覆自問：如果真要妳和林達離婚，妳願意嗎？結果她很快聽到了自己的回答：不，我不願意，我不能，我愛林達。

　　「休假」一個月後的第一個週六，羅娜捧著一大把買來的情人草，興沖沖地跑上樓，驚喜地發現信箱裡躺著一封信，迫不及待地打開，是林達

的筆跡：

「親愛的羅娜，當妳接到這封信的時候，我已在對面的街心花園等妳多時了。這一段時間，我認真反思了一下，我終於明白，我是男人，妳是女人。妳把妳的脆弱交給了我，我應該加倍愛護，可是我沒能做好。所以如果妳同意，我希望能夠獲得重新愛妳的機會。我愛妳，不能沒有妳。」

接下來，當林達和羅娜在情人草的清香中，共享著久別重逢的喜悅時，他們真正懂得了婚姻的真諦：婚姻是一份瑣碎的俗常，也是一份無間的快樂，因為在這個世界上，只有婚姻才能接受彼此的脆弱。

給婚姻休假，是一條挽救婚姻的緩衝退路。婚後，夫妻由於過分熟悉和過分強調自我，兩個人從彼此欣賞到彼此厭倦，從互相依戀到彼此抱怨，發生「角色衝突」，減少了情感交流，並由此導致爭吵或冷戰，雙方心力交瘁。但仔細想想，夫妻兩人並沒有原則分歧，也沒有感情破裂，彼此還有一份潛在的依戀。在這種情況下，婚姻休假不失為一種明智的選擇。年輕的夫妻在感情面臨危機的時候，採取婚姻休假，有可能使極端的情緒得以控制，使非本質的破裂變得緩和。透過心理上的遐想分離，感知孤獨和對方不在身邊的不適感，從而體驗對方對自己的重要性。由此，年輕氣盛的夫妻雙方都學會了對對方的關愛和寬容，當婚姻亮起紅燈的時候，採取一段時間的休假來考驗彼此的感情，能產生絕處逢生的最佳效果。

給婚姻休假，有時候可以挽救產生危機的婚姻，這是為什麼呢？因為沒有實現法律上的離異，夫妻雙方意識裡，仍然保留著婚姻的觀念，但又因雙方是實質性的分離，遠離了婚姻的內容，兩人又有不做夫妻的感覺。於是在理智上，雙方保留了一份安全感，而在心理上，似乎又失去了安全

感。這種「中性」的感覺和自由空間，使衝突中的夫妻免去了斷然絕望和心灰意冷。休假能使雙方在沒有衝突的冷靜裡，好好反思婚姻中出現的問題，體驗到失去對方的真實情感，這些都能使婚姻危機得到緩解。

可見，婚姻休假，能為夫妻的相互理解開啟一條捷徑。透過這種方式，夫妻雙方能發現自己平時發現不了的缺點，從而完成接受對方、包容對方、改變自己的過程。

第 5 堂課

讓友誼之花在自己的生命中綻放

　　美國《幸福》雜誌的一項調查顯示：人際關係的順暢是女人幸福生活的主要構成因素。人脈在女人的生活和工作中占有一定的地位，而朋友則是女人人脈的重要組成部分。心理學家認為，丈夫是女人的生活伴侶，朋友是女人的人生伴侶。朋友能給女人的心靈慰藉，給人生樂趣，給生活補給。

● 妳微笑，世界也微笑

　　生活並沒有虧欠我們任何東西，所以沒有必要總苦著臉。應對生活充滿感激，至少，它給了我們生命，給了我們生存的空間。

　　微笑是對生活的一種態度，跟貧富、地位和處境沒有必然的連繫。一個富人可能整天憂心忡忡，而一個窮人可能心情舒暢，一位殘疾人可能坦然樂觀；一位處境順利的人可能會愁眉不展，一位身處逆境的人可能會面帶微笑……。

　　一個人的情緒受環境的影響，這是很正常的，但妳苦著臉，一副苦大仇深的樣子，對處境並不會有任何的改變。相反，如果以微笑去面對別人，那會增加親和力，別人更樂於跟妳交往，得到的機會也會更多。

　　只有心裡有陽光的人，才能感受到現實的陽光，如果連自己都常苦著臉，那生活如何美好？生活始終是一面鏡子，照到的是我們的影像。當我們哭泣時，生活在哭泣；當我們微笑時，生活也在微笑。

　　王梅是一個非常能幹且有魅力的女人，每次和她在一起，都覺得很開心。她在一家報社擔任總監。每次外出時都會帶上自己的名片。她的名片很特別：上面除了姓名和聯繫方式外，居然沒有任何頭銜，只印有一行醒目的字：「妳微笑，世界也微笑！」

我注意到，每當她遞出名片的時候，總能看到對方會心地微笑。

王梅原先並不是做報紙發行的，而是一家印刷廠的廠長。當時，她的事業做得很大，在業界一提到她，同行中沒有不知道的。王梅頭腦靈活，經商有道，社交場合更是應付自如、左右逢源。但不管做什麼，抑或在什麼場合，她總是繃著一張臉，不苟言笑，對待員工更是如此。時間一長，員工們對她都很有意見。在她就職的這幾年裡，企業出現了危機：廠裡40%左右的技術員紛紛跳槽了！王梅發現了這一危機，立即採取了許多挽救措施，如提高員工的薪水和福利待遇、改善員工餐廳的伙食等。可是，一切努力都沒有很大的效果。2年後，王梅不得不把自己辛辛苦苦經營了5年之久的企業抵押出去，還了銀行貸款。那段時間，是她一生中最灰暗的日子。我們幾個很要好的朋友，紛紛趕到她的家中安慰她、陪她散心。

就這樣，王梅沉默了許多天，常常一個人待在房間痴痴地想。一個月後，王梅打電話給我們，說她已經走出了破產的陰影，決定重新創業，並已成功地應徵到一家公司。她在電話裡強調說，她找到了上次創業失敗的癥結所在 —— 缺少微笑。於是，她特地印製了全報社獨一無二的「微笑名片」，外出執行業務時也是春風滿面。微笑，成了她留給客戶的第一印象。短短8個月的時間，她便做出很大的成績。老闆慧眼識英雄，破格提拔她為發行部的總監。

一抹真誠的微笑，成就了朋友的第二次創業。由此可見，微笑的力量何等巨大。微笑是什麼？微笑是真誠的問候，微笑是樸實的簡介，微笑又是自信的象徵。懂得禮貌的人，微笑之花才會永遠開放在她的臉上，才會使與她接觸的人感到親切而愉快。職場中，微笑送出的是溫和的秋陽。人心都是向著陽光的，妳對它微笑，它就會對妳微笑！當妳天天衷心地微笑時，妳會發現整個世界都在向妳微笑！

　　微笑發自內心，不卑不亢，既不是對弱者的愚弄，也不是對強者的奉承。奉承時的笑容，是一種假笑，而面具是不會長久的，一旦有機會，他們便會卸下面具，露出本來的面目。

　　微笑沒有目的，無論是對上司，還是對警衛，那笑容都是一樣。微笑既是對他人的尊重，也是對生活的尊重。微笑是有「回報」的，人際關係就像物理學上所說的力的平衡，妳怎樣對別人，別人就會怎樣對妳，妳對別人的微笑越多，別人對妳的微笑也會越多。

　　在遭到不公時，可以選擇暴怒，也可以選擇微笑。通常微笑的力量會更大，因為微笑會震撼對方的心靈，顯露出來的豁達氣度讓對方覺得自己渺小、醜陋。

　　清者自清，濁者自濁。有時候過多的解釋、爭執是沒有必要的。對於那些無理取鬧、蓄意詆毀的人，給他一個微笑，剩下的事，就讓時間去證明就好了。

　　當年，有人到處對別人說愛因斯坦的理論錯了，並且說有一百位科學家聯合作證。愛因斯坦知道了這件事，只是淡淡地笑了笑，說：「一百位？要這麼多人？只要證明我真的錯了，一個人出面就可以了。」

　　愛因斯坦的理論經歷了時間的考驗，而那些人卻讓一個微笑打敗了。

　　微笑發自內心，無法偽裝。保持「微笑」的心態，人生才會更加幸福快樂。人生中會經歷很多挫折，那是很正常的，想要在人生的道路上順暢無阻，那麼首先就應清除心中的障礙。微笑的實質便是愛，懂得愛的人，一定不會是平庸的。

　　微笑是人生最好的名片，在這個世界上，有誰不願意跟一個樂觀向上的人交朋友呢？微笑能給自己一種信心，也能給別人一種信心，從而更好地激發潛能。

　　微笑是朋友間最好的語言，一個自然流露的微笑，勝過千言萬語，無論是剛剛認識也好，還是相識已久也好，微笑能拉近人與人之間的距離，令彼此之間倍感溫暖。

　　微笑是一種修養，並且是一種很重要的修養，微笑的實質是親切、是鼓勵、是溫馨。真正懂得微笑的人，總是容易獲得比別人更多的機會，總是能夠輕而易舉獲取成功的桂冠。

● 幸福女人離不開朋友

　　有人曾說：「三十歲之前靠技術賺錢，三十歲之後靠人脈賺錢。」特別是作為女人，即使妳有優秀的技術，超強的能力，如果沒有一個良好的交際圈，沒有一個好的關係網，那麼在社會上出門辦事就會吃許多鱉。

　　現在的社會是一個講究人脈的社會，誰都不可能成為魯賓遜那樣的孤膽英雄。俗話說：「有關係好辦事。」無論是男人還是女人，想要辦成事，都逃脫不了人脈的影響力。

　　所以，作為女人，無論妳處在人生的哪個階段，忙於工作也好，戀愛也好，相夫教子也好，都不要讓朋友間的友誼淡化。男人有兄弟，女人也要有自己的圈子。在勤勞持家的同時，也要開闊眼界，用友情把自己的個人空間呈現得絢爛多姿。

　　葉問在與老家相鄰的城市工作了好幾年之後，調到外縣市。兩年後，她和未婚夫回老家舉辦婚禮。由於父母年邁，整個婚禮都由她的朋友們幫忙張羅。採購、花車、現場布置、人事安排都包下了。葉問為人低調，只準備了 10 桌酒席，可那天前來參加婚禮的客人整整多出了一倍。葉問在朋友們「不夠意思」的責備聲中接受了誠摯的祝福。

　　熟悉葉問的人都明白，參加婚禮的客人超出一倍是有道理的。葉問人好，肯幫忙、講義氣。調到外縣市之前，她在公家機關工作，每逢底下來人辦事，不論是誰，也不管熟不熟，她都是一張笑臉相迎，一張椅子讓座，一杯清茶解渴，她負責勞動。她總是盡心盡力地幫人解決問題，且薪水待遇在不違反政策的情況下，堅持給人就高不就低。她幫起朋友來也是不遺餘力。有一次，她一個朋友的父親因故自殺。當地的說法是，以這種方式去世的人不吉利，別人唯恐避之不及，但葉問卻東奔西跑地幫著辦後事，還陪著朋友守了一夜靈。

　　其實，葉問這樣做並沒刻意想要得到什麼，可不知不覺間，卻建立了很好的人際關係，交了很多朋友。從她要調走的前半個月起，同事朋友還排著隊，只為替這個普通的幹部送行。

　　朋友是巨大的財富。許多時候，朋友之間的關心、幫助、體貼勝過兄弟姐妹，勝過夫妻。而且深厚的友情往往更雋永、更真摯、更持久。因此，女人一定要有屬於自己的真心朋友。

　　但在現實生活中，有一大部分女人，一旦有了愛情，便囿於愛情與家庭，並全心全意地投入，與過去的朋友明顯得疏遠，對深深淺淺的友情也不那麼愛惜了。她們的藉口是「沒時間，太忙了。」是啊，結婚後的女人確實有許多事情要忙，但總不至於跟朋友打個電話、發個簡訊的時間都沒有吧。

　　三毛曾說：「我的心有很多房間，荷西也只是進來坐一坐。女人要有自己的社交圈，別一談戀愛，就和所有的朋友斷了往來，這只會讓妳的生活圈越來越狹窄。」的確，交友不僅是感情的交往、交流，還是生活的必要擴充。每個人都有一定的侷限性，生活的環境、生活的內容、生活的經歷都被內外的因素規劃好了。由此，自己的視野、見地、經驗、心胸，便容易被這種「規劃」所限制，多屬狹小、淺薄、片面。

　　所以，女人無論是結了婚，還是有了孩子，千萬不要排斥自己從前的朋友，要保持妳從前和朋友們在一起時的愛好，保持自己除了愛情以外的一切感情連繫，這樣妳的生活才會更豐富、完善，妳才會得到友誼、愛情雙豐收的結果。

　　當然，有一部分友誼的丟失，並不完全是因為女人專注於家庭，而是因為人們經常忙於自己的事務，再來就是一些朋友由於某些原因而遠走他鄉，或許剛開始還能有一兩個簡訊，但隨著時間的流逝，聯絡也就慢慢地斷了。等到某一天想到朋友時，才發現已未聯絡很久。但是聰明的女人，卻從不輕易透支自己的友情，她懂得友誼是要雙方共同經營、維護的。所以時不時的一個電話、一條簡訊，都能帶著思念跨越千山萬水，讓妳與朋友相互交流思想和訊息。

　　真正的友誼是女人一生中最美好的東西，它摒棄了人世間的醜惡，取而代之的是思想情感的默契和支持，形成了為共同事業奮鬥的力量。所以，女人在一生中必須交幾個真心朋友。只有這樣，在我們感到孤獨的時候，他們才會給予我們慰藉；在我們感到恐懼的時候，他們才會增強我們的安全感；在我們渴望安靜的時候，他們才會給我們時間，讓我們一個人保持安靜。我們的人生，也才會因有了朋友，而更加精彩、生活更加幸福。

　　但是，女人想要交到更多的朋友，和朋友輕鬆愉快地交往，也是需要費些心思、掌握好分寸的。具體來說，女人要做到以下幾點：

★ **塑造良好的形象**：女人想要贏得朋友的友誼，首先要有好的「影響源」，即形象設計和內在素質。女人要做到謙虛而不自卑，自信而不固執，倔強而不狂妄，這樣才能贏得朋友的友誼。

★ **興趣力求廣泛**：愛好和興趣是女人結識他人、廣交朋友的一個很好的「媒介」。如果妳喜詩愛畫、能歌善舞，集郵、攝影、體育樣樣都懂

一些，妳就與朋友有了共同的情趣、共同的語言、共同的心聲，無形
中，也在妳和他人之間逐漸架起了一座友誼的「橋梁」，朋友也將會
對妳逐漸產生好感。

★ **善於語言表達**：無論是在聚會上，還是在朋友相聚的場所，如果女人
有個人的見解，就要大膽地表明，這樣將增加妳做人的分量。若是一
言不發，一味害羞，不敢啟齒，不僅會給人軟弱無能的印象，而且妳
的重要性也會在眾人面前降低。

★ **尊重朋友的自尊心**：每個人都有自尊心，都希望朋友的言行不傷及自
己的自尊心。在人際交往過程中，任何人都有明顯地對自我價值感的
維護傾向。例如，當我們事業有了一番成績時，我們會解釋為這是自
己的能力優於朋友的緣故；當朋友事業有了成績，而我們卻沒有時，
我們又會解釋為朋友僅僅是機運好而已。這樣的解釋，就不至於降低
自我的價值感，傷及自尊心。而我們在與朋友交往時，也必須對朋友
的自我價值感起積極的支持作用，維護朋友的自尊心。如果我們威脅
了朋友的自我價值感，那麼就會激起對方強烈的自我價值保護動機，
使對方對我們產生強烈的拒絕和排斥情緒。

★ **樂於幫助朋友**：俗話說：「想要別人對妳好三分，妳得對人好十分。」
人是講感情的，別人在雪中時妳送送炭，妳在寒風中時，別人可能會
給妳遞件衣服。當朋友對生活中的某一問題無力解決時，我們如果能
夠伸出一隻熱情的手，無疑會給對方極大的力量與信心。同時，當我
們幫助朋友之後，會產生一種覺得自己很高大的感覺，而當朋友又對
我們表達微笑、感謝時，我們會覺得這個世界非常美好，這對我們自
信心的建立是極其有益的。

● 儲蓄友情是女人一生的課題

女人應該認識到：「財富不是朋友，但朋友一定是財富。」俗話說，「多個朋友多條路，少個朋友多堵牆」，可見建立「人情帳戶」的重要性。在人際交往中，女人若是能幫助別人，要覺得這是機會，唯有如此，「人情帳戶」才能適時地進行儲存，到需要的時候才能左右逢源。

只有妳時刻存有樂善好施、成人之美之心，才能為自己多儲存些人情。這就如同一個人為防不測，需養成「儲蓄」的習慣一樣。也只有這樣，才能防患於未然，甚至惠及子孫。

平時送朋友一個人情，朋友便欠了妳一個人情，他是一定要回報的，因為這是人之常情。送人情，就像妳在銀行裡存款，存得越多、存得越久，利息便越多。

● 用真誠「灌溉」友情

有位著名的翻譯家說：「一個人只要真誠，總能打動人的，即使人家一時不了解，日後也是會了解的。」又說：「我一生做事，總是第一坦白，第二坦白，第三還是坦白。繞圈子，躲躲閃閃，反易讓他人起疑心。妳要手段，倒不如光明正大，實話實說。只要態度誠懇、謙卑、恭敬，無論如何人家不會對妳怎麼樣。」不僅不會對妳怎麼樣，相反，會覺得妳光明磊落，值得信任，願意與妳交朋友。能善意地、真誠地、勇敢地指出對方缺點和錯誤的人，才算得上真正的朋友。

荀子說：「人，力不若牛，走不若馬，而牛馬為所用，何也？曰：人能群，彼不能群也。」

交往是人的一種本能，與人合作又是快樂的源泉。女人在生活中不能

學孤膽英雄，單打獨鬥不能成事，一個人孤單久了，還可能養成孤僻的性格，甚至跟不上時代。

　　一個真正成功的女人，不應該只是圍繞著家庭和孩子打轉的女人，她應該有自己的朋友圈，也就是說有一群自己的朋友。擁有自己空間的人，往往不會因家庭或工作中出現的矛盾而苦惱不已，她們懂得運用朋友的安慰撫平心靈的創傷。這樣的女人，因其自身的豐富，而散發著獨特的魅力。她們懂得排遣鬱悶的方法，因此心態也就比較平和，也就會時常散發出青春的活力。這樣的女人，也就更能保持持久的魅力。

　　女人，請把朋友當成妳應該珍惜的財富吧，真誠的友誼是女人一生的靠山。友誼是我們哀傷時的緩和劑，激情時的舒解劑，壓力的發洩口，災難時的庇護所。選那些對妳工作、生活有幫助的朋友，會使妳獲益匪淺。

　　有些事情，如工作失意、愛情迷茫，自己排解不了時，妳的朋友便可以幫助妳。朋友是妳生活上的調解者。朋友的勸勉與支持，會使妳恢復信心，振作精神，使妳不再感受孤單。

　　當然，女人應該與志同道合的朋友在一起。之所以稱作朋友，那麼，這個人應該與妳有一定的相同點，和她在一起，妳會有收穫，她從妳這裡也可以得到自己想要的東西。這樣沒有利益衝突又有交流的朋友關係，可以讓妳感到非常安全和放鬆。

　　女人應該有一兩個閨中密友，她們是每個女人最好的傾訴者和傾聽者，有時候她們的觀點，可以讓妳走出迷茫，看清楚自己所處的位置，給自己很大的幫助，有時候甚至是妳重新振作的力量源泉。女性與女性之間，沒有太大的利益衝突，她們可以互相支持，互相體諒，在遇到感情或生活問題時，能夠以集體的力量戰勝「自然災害」。

　　女性間的友誼如果發展得很好，可以讓女性不會感到那麼孤立無援。

在與女性朋友交往的時候，最重要的一點是要注意真誠地對待她，彼此需要信任。其次，兩人應該多交流分享，不管是工作還是生活上面，如果妳有問題了，告訴妳的「閨密」，她可以給妳很客觀的分析及建議，而且從中她還可以感覺到妳對她的信任。兩人交往還應給彼此一個自由的空間，有些事情她不願意說，不用去強求，妳只要告訴她妳永遠支持她，這便是對她最大的幫助了。彼此之間還應懷有寬容之心，不嫉妒，以一種平和的心態來看待妳們之間的感情。

女人應該明白，經營好妳與妳的閨中密友的感情，妳就是在經營一個堅強的後盾與支柱。

除此之外，女人在一生中也需要異性朋友。女人結交異性朋友，應該掌握一些判斷標準，使自己有效地去選擇或結交良好的異性知己：是否自然表達關懷；是否與妳溝通順暢；是否具有責任感；是否有體諒、包容心；是否誠懇、體貼對待；是否可互信、相扶持；是否樂觀進取、不懼橫逆；是否關注妳的存在；是否能為妳分憂；是否與妳個性不相排斥；是否有聆聽的能耐；是否身心健康，無不良嗜好。

倘若對方經妳的智慧判斷，結果具有前六項之正面答案，應即可視為值得結交的異性朋友。總之，朋友多了路好走，女人應該多交真誠的朋友。

● 女人要有自己的閨中密友

一個人活在世上可以沒有金錢，沒有事業，沒有家庭，但是萬萬不可以沒有朋友！朋友是巨大的財富，女人擁有朋友更是她們的寶藏。許多時候，朋友之間的關心、幫助、體貼勝過兄弟姐妹，勝過夫妻。而且深厚的友情比愛情更雋永，更真摯，更持久。因此，女人一定要有自己的閨中密友。

那麼，什麼是閨中密友呢？「閨」，不單單指閨閣、閨女、閨房的「閨」，還指一個女人在其漫長的一生中，只有同性之間才明白和理解的閨中情懷。女人在她的一生中，總會有那麼一個或幾個密友，哪怕她們歷經了一切，也不會妨礙其交往。閨中密友的情分，細細綿綿，悠悠長長，一輩子也訴不盡。

真正的友誼，是女人一生中最美好的東西，它摒棄了人世間的卑鄙、狡詐等醜惡的現象，取而代之的是思想情感的默契和支持，形成了為共同事業奮鬥的力量。所以，女人在一生中，必須交幾個屬於自己的閨中密友。只有交到了自己的閨中密友，妳的心才會有人了解。

厚實的大城門上掛著一把沉重的巨鎖。鐵棒、鋼鋸都想打開這把鎖，以顯自己的神通。

「我這麼粗大，堅強有力，縱使這把鎖再堅固，我相信憑我的力量，也能把它打開！」鐵棒自以為很有辦法，相信自己一定可以打開這把鎖。可是它在那裡努力了半天，一會撬，一會捶，一會砸，費了很大的力氣，最後還是沒有辦法把門打開。

鋼鋸嘲笑它說：「妳這樣是不行的，要懂得技巧，看我的！」只見它擺出架勢，一會左鋸鋸，一會右拉拉，可是那把大鎖依然絲毫未動。

就在它們兩個垂頭喪氣的時候，一把毫不起眼的鑰匙不聲不響地出現了。

「要不然讓我來試試看吧？」小小的鑰匙對兩位氣喘吁吁的敗將說。

「妳？」鐵棒和鋼鋸都不屑一顧地看著這個扁平彎曲著的小東西，然後異口同聲地說：「看妳這副弱不禁風的樣子，我們都不行，妳可以嗎？」

「我試試吧！」鑰匙一邊說，一邊鑽進鎖孔，只見門鎖鬆動，接著那

把堅固的門鎖就打開了。

「妳是怎麼做到的？」鐵棒和鋼鋸不解地問。

「因為我最懂它的心。」鑰匙輕柔地回答。

閨中密友是我們真正的知心朋友，在我們感到孤獨的時候，她們會給我們慰藉；在我們感到恐懼的時候，她們會增加我們的安全感；在我們渴望安靜的時候，她們會給我們時間，讓我們一個人保持安靜，就像鑰匙最懂鎖的心一樣，她們也最懂我們的心。

在現代人的生活中，往往不缺少朋友，不缺少飯局，但當自己在飯局後仔細回味之時，才能深刻地體會到，這些朋友不是有求於己，就是志不同道不合之人，沒有一個能說上知心話。而且隨著女性逐漸走向成熟，很多時候，女人的時間會被家庭、情人、孩子、工作等事情所占據，和朋友的聯繫會隨之減少，一旦自己想找人說說心裡話的時候，才發現自己已經好久沒和這些朋友聯繫了。

友誼和愛情對女人來說，無論什麼時候都是同等重要的。所以女人無論結了婚，還是有了孩子，千萬不要疏離了自己從前的所有朋友，要保持妳從前和朋友們在一起時的情趣、愛好，保持自己的除了愛情以外的一切感情連繫，這樣妳的生活才會更豐富、更完善，妳才會得到友誼、愛情雙豐收的結果。因此，女人應該給自己一定的時間和閨中密友相處。這樣妳的心裡話才會找到述說的地方，妳的生活才會更絢麗多彩，妳的心理系統才會更強大，妳的生活品質才會更高。

一般來說，女人需要以下幾種類型的閨中密友：

★ **同黨型**：不管給樂趣下什麼樣的定義，女人總是需要有人和她一起分享，這就是同黨型閨中密友。女人可以和她一起逛街、做美容、喝咖啡、聊八卦……這給了女人一種享受生活輕鬆一面的方法。

★ **慈母型**：慈母型的閨中密友，除了在參加約會時會提供女人最基本的陪伴外，更好的是她明白這樣的遊戲規則：妳談論妳的孩子，我假裝著迷，然後我們再交換彼此的角色。女人會很自然地被慈母式密友所吸引，因為她像母親一樣和藹可親。這類朋友是女人不可或缺的，因為她值得女人信任和依靠，包括她能在家庭生活方面給予女人不少指導，甚至包括夫妻間最隱密的私生活部分。

★ **知己型**：知己型的閨中密友是女人最喜歡的朋友類型。佳佳從大學時代起就有這樣一位密友，她很喜歡這位叫小雙的好友的原因是：「她認識我的時間很長，非常了解我。她總認為我是一流的。我可以毫不遲疑地告訴她任何事，絕不擔心會有苛刻刺耳的意見。我完全信任她。」每個女人全都需要一位「小雙」，一個可以時常給自己肯定和讚揚的密友，這是女人保持自信的法寶。

閨中密友的友情細細綿綿、悠悠長長，一輩子也訴不盡、道不完。在很多時候，女人有了閨中密友，就有了抵抗人間冷暖的底氣。無論快樂還是煩惱，都不再是一個人的事，好事加倍享受，憂愁也會減半。

女人要珍惜身邊的閨中密友，她們會是妳最好的傾訴者和傾聽者。有時候，她們的觀點會讓妳走出迷茫，看清楚自己所處的位置，給妳很大的幫助，成為妳重新振作的力量源泉。那些閨中密友，會是女人一生的影子，無論妳走得多遠，回頭一望，她們還跟在妳的身後，給妳力量和支持。

● 女人也離不開異性朋友

紅顏知己、異性知己與情人之間的區別就體現在：感情上，彼此心與心之間的默契，不傷及自己和對方的家庭與事業，超過了這個界限，就不稱之為知己。堅持了這一點，異性之間的友誼才會豁然開朗，面對常人和世俗的眼光才會清者自清、濁者自濁。

異性知己是友情中一道亮麗的風景。上帝賦予女人溫柔美麗的資本，賦予男人剛強果斷的氣質，於是男人見到女人就有了溫柔的剛毅，女人在男人面前就有了堅強的陰柔。同性朋友之間體現出無限樂趣，異性朋友之間充滿著無限情趣。

在傳統社會中，由於「男女授受不親」的禮教束縛，加上異性彼此很少有接觸機會，所以想結交異性朋友，確實不容易。即使有機會相遇或相識，彼此也難有交往互動關係的建立。不過隨著時代的進步、社會的開放，現今年輕女性大多較容易結交到異性朋友，同時彼此交往較頻繁，而且互動關係亦傾向密切。因此，如何與異性交往或構建男女友誼關係，已成為今日女性所必須學習的必修課題。

一般而言，在日常生活中，較易有機會與異性相處或交往的場合，是透過學習、工作、社團、旅遊、信仰、娛樂等活動而獲得，而要有效了解異性朋友的真實個性與為人處世態度及作為，需參加團體活動，如郊遊、聚會等，通常大多數人在團體活動，尤其於愉悅氣氛之時，將無心刻意掩飾或隱藏其本性，也較能坦然去掉面具面對週遭的人。當然妳參與其中時，也不可因一時興起，而忘記要用心去觀察妳所交往與關切的異性朋友，甚至不可連自己也玩得迷失其中，否則妳便會失去洞悉異性朋友真正面目的大好時機。

　　尋覓一個異性知己並不難，但要維持這樣的關係，男人和女人都必須付出心力。當一方的情緒和感情發生變化時，另一個要能絕對冷靜地提醒對方：「我們是朋友！」

　　花雨是一家生物製藥公司客戶服務部的業務助理。身材嬌小、容貌俏麗，再加上個性特別活潑，進入公司不久，她就成為了公司裡不可或缺的明星。

　　由於公司男女比例嚴重失調，花雨更是當之無愧地成為了一朵眾人眼中的金花。特別是在花雨初入公司的時候，負責帶她的同事劉博更是像個大哥哥一樣對她百般照顧：每當花雨在工作上有什麼不懂的地方時，只要詢問一下劉博，劉博就會立刻為她指出來，並同時為她提供數個解決方案的思路。而在生活上，當遇到什麼困難時，只要花雨說話，劉博就會對她伸出援手……。

　　劉博的種種體貼和幫助，給了初入職場的花雨很大的鼓勵。對此，花雨可以說是感激萬分，在平常的工作中更加注重、維護自己與劉博的良好關係。

　　劉博的確是個謙謙君子，跟花雨相處，他總是表現出紳士的風度，但又不會過於殷勤。他們在一起，不僅談工作上的事情，還聊音樂，聊各地的風土人情，甚至聊「八卦」緋聞。

　　花雨很欣賞劉博的博學多才，和劉博在一起，聊什麼做什麼都很投機，但花雨心裡清楚他們只是單純的友情，因此即使他們不小心有了肌膚的接觸，她都沒有心動的感覺。

　　此後，花雨就把劉博當成了自己的異性知己。所以，她會把自己的感情歷程與他分享；他也會把自己和女友的矛盾告訴她，尋求意見。

　　然而，漸漸地，劉博的感情發生了變化。花雨發現，他會時不時地

「無意中」碰她的手，也會挑一些有情調的餐廳聊天，而且他常常把話題帶到感情上來。最初花雨還以為她和知己真的已經到了無話不談的地步，直到有一天，劉博告訴花雨自己和女友分手了，然後向花雨說明了他的想法。

「我們不能再做朋友了！」劉博表情凝重，開始向花雨表達愛意，但花雨知道自己並不能接受，自己深愛的是男友。

花雨堅決地表達了自己的想法，劉博也始終無法接受。最後，花雨不得不忍痛割愛，結束了與劉博的友情。

花雨知道異性知己的底線，如果她明知道劉博對她的感情而放任不管，即使她仍然把劉博當做朋友，也會讓這段難得的「友情」變得不純潔。

擁有異性知己的女人是幸福的，但要注意的是，始終恪守住異性知己的底線，不能讓異性知己變質。異性知己，可以說是兄弟，是姐妹，是對方沒有把自己當成女人，自己也沒有把對方當成男人的關係。知己可以說心裡話，也可以相互取暖，但這種取暖的方式僅限於心靈。

總之，女性結交異性朋友，除可在日常生活中增添樂趣，提升生命活力外，還可相互學習相互協助扶持。因此女人應隨緣用心結交異性朋友，千萬不可隨性。而且女人在與男士們交往時，一定要掌握剛柔並濟的原則，省去不必要的麻煩。要做到剛柔並濟，需要注意以下幾點：

★ **勇於面對現實，以柔克剛**：對男士不要躲避。從心理學角度說，多數人有很強的反抗心理 —— 越是得不到的東西，越覺得有意思，越想成功。特別是男孩，好勝心更強，追求一個女孩時，大有窮追不捨、滴水穿石之志。對此，女孩不妨找個機會，開誠布公地向他表明自己拒絕的理由或苦衷，希望他諒解，並渴望能友好相處。在這樣的表白下，瘋狂的追求者們會產生悔過感，一般會面對現實的。

談話時表態要堅定，不可說一些似是而非的話，如「讓我再考慮考慮」、「我暫時不想談……」，這樣會給多情的男孩留下一線希望。要知道，略有一點幻想，有的男孩就會不死心，直到頭破血流才願畫上一個句號。語言要真誠溫和，盡可能面帶微笑。這樣用妳柔的言行，表達妳剛的決心，效果更佳。對追求者要一視同仁，切不可厚此薄彼，否則會引起種種糾紛。

★ **適可而止，掌握尺度**：朋友畢竟不是戀人，與朋友交往言談舉止要有分寸。在正常的人際交往中，關心別人、互相幫助、溫柔大方是女孩們美麗溫柔的體現，但不要有過分親暱的表示（不論有意或無意），如甜蜜的話語，多情的眼神，超乎尋常的熱情等。另外，對男士們的親暱舉止要明確表態，及時制止，不要拖泥帶水。這樣有柔有剛，剛柔並濟，防患於未然。

★ **讓同伴插手，使男士望而卻步**：在工作或學習中，最好與一兩個女孩結為死黨，相互談心，相互照應，不給瘋狂的男士們有機可乘 —— 有別人在場，他們敢找麻煩嗎？這樣以柔的形式，表達「剛」的內涵。

總之，女性處世交友妙方多樣，剛柔並濟之法是其中重要的一種。只要妳能靈活運用妳的剛與柔，妳的言談舉止將會魅力無窮，妳也將幸福永遠。

● 同學情最純真，巧妙經營最長久

誰沒有幾位昔日的同窗？說不定妳的音容笑貌還存留在他們的記憶中。千萬不要把這種寶貴的人脈資源白白浪費掉，要改變處境，就要學點手腕，從現在開始，妳就要努力地去開發、建設和使用這種關係。

　　同學關係是非常純潔的，有可能發展為長久、牢固的友誼。因為在學生時代，人們年輕單純，熱情奔放，對人生、對未來充滿浪漫的理想，而這種理想，往往是同學們共同的追求目標。加之同學之間朝夕相處，彼此間對對方的性格、脾氣、愛好、興趣等能夠深入了解。因此，在同學中最容易找到合適的朋友。

　　芳芳自從懷孕就辭了工作，在家裡帶孩子，直到孩子上幼兒園，她才決定結束家庭主婦的生活，出去找一份工作。芳芳去了很多公司，人家不是嫌她的年齡大，就是說她的資歷不夠，她很受打擊，覺得自己和社會脫節了。

　　這天，芳芳得知一家公司應徵企劃人員，決定前去應徵。可到了應徵現場，看到眾多年輕的、高學歷的應徵者，芳芳想打退堂鼓了。雖然自己前幾年也取得了不錯的業績，可是畢竟荒廢了一段時間，有些企劃理念跟不上時代了，在這些人中，她明顯感到了底氣不足。

　　芳芳剛要轉身離開，一個人忽然叫住她說：「芳芳？」芳芳一愣，仔細一看，原來這個人是自己高中時的同學，和自己關係很好，後來轉學了，就失去了聯繫。隔了十多年，雖然彼此都有些變化，但還是能夠認出來的，兩個人都很高興。這位同學在這家公司做的也是企劃工作，得知芳芳的來意，她自然是全力相助了。最後，芳芳終於進入了這家公司。

　　現在，具體來談談在同學中尋找和建立朋友關係的做法：

　　雖然彼此的工作領域不同，但可以將焦點對準目前的現狀。原則上，只要擁有上進心且正在奮鬥中的人即可。即使對方在學生時期與妳交往平淡亦無妨，妳必須主動地加深與其交往的程度。如果妳很幸運地找到凡事均能熱心幫忙的對象，就更易與其建立良好關係了。

　　在運用前述方法的同時，也可並用另一種方法，以擴大交往的範圍。

這個方法是透過同學錄上的工作性質來加以取捨，再展開交往。

　　如果妳在學生時期不太引人注目，想必交往的範圍也很有限。然而，現在妳已大可不必受限於昔日的經驗，而使想法變得消極。因為，每個人踏入社會後，所接受的磨練是不相同的，絕大多數的人會受到洗禮，而變得相當注意人脈資源的重要性，因此即使與完全陌生的人來往，通常也能相處得好。由於這種緣故，再加上曾經擁有的同學關係，妳完全可以重新展開人脈資源的塑造。換言之，不要拘泥於學生時期的自己，而要以目前的身分來展開交往。

　　此外，不論本身所屬的產業領域如何，應與最易聯絡的同學（國中、高中、大學等）建立關係。然後，從這裡擴大交往範圍。不妨多運用同學身邊的人脈資源，來為自己的成功找到助力。同學之間的關係，是人生中最親近的一種關係，也是妳交友圈中最重要的人脈。

第 6 堂課

好口才，有好運

　　對於女人而言，卓越的口才、有技巧的說話方式，不僅是家庭幸福的法寶，事業披荊斬棘的「利劍」，更是增加自身魅力的籌碼，提升氣場的有效手段。因此，一個女人可以生得不漂亮，但是一定要說得漂亮。無論什麼時候，淵博的知識、良好的修養、文明的舉止、優雅的談吐、出口不凡的口才，都可以讓女人活得夠漂亮，贏得更多人的歡迎。

● 幽默，魅力女人的最好表現

　　一個懂得幽默的女人，不一定美麗，但卻是智慧的，而且是善解人意的。這樣的女人喜歡生活，懂得用自己的方式面對困境，用微笑放鬆自己，用智慧的花香，把自己薰陶得更加富有魅力。

　　有人說，一個沒有幽默感的女人，就像鮮花沒有香味，只有形，沒有神，那外表的光鮮，讓人感覺就是少了一口氣。幽默風趣的語言是人的內在語言運用中的外顯，在與人溝通中，幽默能造成好多作用，如能激起聽眾的愉悅感，使人輕鬆、愉快、舒暢。在這樣活躍的氣氛中，便於人們交流感情，因種種原因造成的隔閡也會隨之消失，大家在笑聲中拉近了雙方的心理距離。有幽默感的女人能激起大家談話的興趣，給人帶來歡樂。

　　善於理解幽默的女人，容易喜歡別人；善於表達幽默的女人，容易被他人喜歡。幽默的人，易與人保持和睦的關係。在現實生活中，常常不乏令人碰得頭破血流仍然得不到解決的問題，但是，如果來點幽默，卻往往會迎刃而解，使同事之間、夫妻之間化干戈為玉帛。幽默還能顯示自信，增強成功的信心。信心有時也許比能力更重要，生活的艱難曲折極易使人喪失自信，放棄目標，若以幽默對待挫折，卻往往能夠重新鼓起未來希望的風帆。

　　女人在運用幽默時，一定要表情自然輕鬆，只有這樣，才能將幽默的輕鬆氣息「感染」到身邊每個人。記住，一個看來滿面愁容或神情憂鬱的女人，是不可能真正地發揮幽默的魅力的。幽默的人生，是樂趣無窮的。所以，學會和善於運用幽默，會令女人的社交生活更為豐富和快樂。

　　需要注意的是，幽默既不是毫無意義的，也不是沒有分寸的耍嘴皮。幽默要在入情入理之中，引人發笑，給人啟迪，就需要女人有一定的素質和修養。

　　從幽默的功效來說，其形式有多種。既有愉悅式幽默、哲理式幽默，還有解嘲式幽默、譏諷式幽默。為了達到幽默的禮儀效果，女人對待同事、朋友，宜多用愉悅式幽默和哲理式幽默；對待自我、對待友人也可以根據情況適當運用解嘲式幽默；對待敵人、惡人則要用諷刺式幽默，以便在用幽默譏諷、鞭撻對方的同時，給周圍的同事、朋友愉快。

　　一般來說，幽默是一種引人發笑和發人深思的詼諧、滑稽的言行。幽默最能引發笑聲，帶來愉悅的氛圍，在這樣的環境中，煩惱變為歡樂，痛苦變為愉快，尷尬變為融洽。

　　有一對小夫妻，為了一點小事爭吵起來，各自認為對方無理，互不相讓。不過，他們也沒有喋喋不休、唇槍舌劍地一味爭吵下去，而是憋著一肚子氣，以致互不答理。

　　三天過去了，夫妻倆仍然互不說話。他們就這樣僵持著，誰也不想先開口找話說，都覺得先開口，等於承認了自己的軟弱，而且對方以後可能會得寸進尺。

　　可是，夫妻之間本來就沒有什麼大的利害衝突，他們心裡還是希望和好的。這時候，如果有一個雙方的朋友來勸說一下，那兩個人和好就容易一些。遺憾的是，別人並不知道他們在互相生氣，他們也不想讓其他人知

道，畢竟家醜不可外揚嘛。儘管如此，他們都在心裡尋求著和解的辦法。

妻子突然靈機一動，她拉開衣櫃，翻了一陣又關上，然後又去書桌抽屜裡東翻西找……之後，滿屋子的櫥櫃、抽屜都被她翻遍，也沒見她找到什麼東西，於是又從頭仔細地再尋找。

丈夫感到很納悶，終於忍不住問道：「妳在找什麼呀？」

「找你的聲音！」妻子假裝惱怒地回答。

丈夫忍不住笑了起來，就這樣，夫妻倆又和好如初了。

運用幽默語言進行善意的批評，既達到了批評的目的，又避免了使對方難堪的局面。幽默可謂是人際交往的潤滑劑。學會恰當地運用幽默，會使人與人之間的溝通更加順利，人際關係更加和諧。幽默是我們生活的調味料，它使我們的生活更加有滋有味。但是，再好的調味料都不可濫用，就好比用鹽，用一點可以使菜味鮮美，但用得過多便會讓人難以下嚥。在溝通時，幽默要運用得當，才可發揮它的魅力。

那麼，怎樣培養幽默感呢？

★ **達觀的人生態度**：有人說：「幽默屬於樂觀者和生活中的強者。」這話很有道理。幽默的談吐是建立在思想健康、情趣高尚的基礎之上的，對人提出善意的批評和規勸，就必然要求批評者有較高的思想境界和較佳的修養。一個心地狹窄、思想頹廢的人不會是幽默的人，也不會有幽默感。人有了高尚的情操和樂觀的信念，才能對一些不盡如人意的事泰然處之。

★ **良好的文化素養**：一個人的幽默談吐是與他的聰明才智緊密相連的。如果一個人對古今中外、天南地北的歷史典故、風土民情等各種事情都有所了解和掌握，再加上較強的駕馭語言的能力，說話就會生動、活潑和有趣。幽默並不是矯揉造作，而是自然地流露。有人非常有見

地且深有感觸地說：「我本無心講笑話，笑話自然從口出。」其中的道理正說明了這一點。如果一個人對實際事物，對歷史知識所知很少，或者是孤陋寡聞、離群索居、深居簡出，那他是很難具備幽默的智慧的，當然也就談不上有幽默感了。

★ **敏銳的觀察力**：反應迅速是幽默談吐的特點之一，這就要求人思維敏捷、能言善辯，要具備這兩項能力，就需要每個人對生活深刻體驗和對事物認真觀察。因為談吐幽默，應做到意料之外，情理之中，必須能夠把一件平凡的事物由裡往外、由外往裡看個透，一兩句話道出那諱莫如深的引申之意，從人們熟視無睹的現象中，創造出別人所不曾問津的東西。

★ **良好的溝通力**：一個人的幽默感與他的社會活動緊密相連，要使自己談吐風趣，最好的辦法是向生活學習。在跟各行各業的人聊天時，會發現他們運用語言之妙。在接近他們的過程中，要留心觀察他們的言行舉止，這樣，時間一長，就會增強自己語言的庫存和幽默的才能。

★ **對幽默感的掌控力**：在與人的交往中要幽默風趣，但切忌語出油腔滑調或低級趣味。雖然我們不能苛刻地要求幽默的語言都有深刻的思想意義，但一定要健康，切勿庸俗、輕浮，更不能是無聊的戲謔嘲笑。要知道，幽默的出發點應當是善意的。

● 不要一下掏心掏肺

俗話說：「逢人只說三分話，未可全拋一片心。」這句話常常用來告誡人們：「小心為上！」現在又常常被人批判為「不夠忠誠」，其實，從立身處世的角度來看，這句話本身並沒什麼錯，甚至可以說是至理名言。

　　妳也許覺得行得端做得正，事事不可對人言，何必只說三分話呢？仔細觀察世故老練的女人，的確只說三分話。妳一定認為她們是狡猾，是不誠實，其實說話須看對方是什麼人。對方不是可以盡言的人，妳說三分真話已不為少。孔子曰，「不得其人而言，謂之失言」，對方若不是深相知的人，妳也暢所欲言，以快一時，對方的反應如何呢？妳說的話，是屬於妳自己的，對方願意聽嗎？彼此關係淺薄，妳與之深談，顯出妳沒有修養；妳說的話，是屬於對方的，妳不是她的密友，不配與她深談，忠言逆耳，顯出妳的冒昧；妳說的話，是屬於國家的，對方的立場如何，妳沒有明白，對方的主張如何，妳也沒有明白，妳偏高談闊論，更易招來怨恨呢！所以逢人只說三分話，不是不要說，而是不必說、不該說，與事無不可對人言並沒有衝突。世故老練的人，是否事事可以對人言是另一問題。他的只說三分話，是不必說，不該說的關係，絕不是不誠實，絕不是狡猾。說話本來有三種限制，一是人，二是時，三是地。非其人不必說；非其時，雖得其人，也不必說；得其人，得其時，而非其地，仍是不必說。非其人，妳說三分真話，已是太多；得其人，而非其時，妳說三分話，正給他一個暗示，看看他的反應；得其人，得其時，而非其地，妳說三分話，正可以引起他的注意，如有必要，不妨擇地作長談，這叫通達世故的人。

　　舌頭是極難馴服的野獸，如果未經馴服就放出牢籠，這隻野獸便會狂奔亂躥，令妳追悔莫及。小心控制自己的言辭吧！

　　心事不要隨便說出來，當別人看透或者知道妳的心事的時候，妳的脆弱就會暴露在別人面前。任何人若能在保守祕密這個問題上處理得當，就不會因洩漏祕密而將事情複雜化。

　　許多人都有一個共同的毛病：肚子裡留不住心事，有一點點喜怒哀樂

之事，就總想找個人談談；更有甚者，不分時間、對象、場合，見什麼人都把心事往外掏。

其實這也沒有什麼不對，好的東西要與人分享，壞的東西當然不能讓它沉積在心裡。要說可以，但不能「隨便」說，因為妳每個傾訴對象都是不一樣的。說心裡話的時候一定要有「心眼」，該說則說，不該說千萬別說。

處理心事要慎重，因為心事的傾吐，會洩露一個人的脆弱面，這脆弱面會讓人改變對妳的印象，雖然有的人欣賞妳「人性」的一面，但有的人卻會因此而下意識地看不起妳，最糟糕的是，當脆弱面被別人掌握住，可能會形成他日爭鬥時妳的致命傷，這一點不一定會發生，但妳必須預防。

有些心事帶有危險性與機密性，例如妳在工作上承擔的壓力，妳對某人的不滿與批評……當妳毫無保留地向別人傾吐這些心事時，有可能日後被人拿來當成反駁妳的武器，妳是怎麼吃虧的連妳自己都不知道。那麼，對好朋友應該可以說說心事吧！答案還是：不可隨便說出來。妳要說的心事還是要有所篩選，因為妳目前的「好」朋友未必也是妳未來的「好」朋友，這一點妳必須了解。

因此，不把自己的祕密全盤地告訴給對方是處世的潛規則。不要親手為自己埋下一顆「炸彈」。切記在任何情況下，都要「逢人只說三分話，未可全拋一片心」。

● 懂得傾聽的女人惹人愛

世界上有兩種力量非常偉大：一是傾聽，二是微笑。

在談話的過程中，如果能耐心地傾聽對方說話，就等於向對方表示了妳的興趣，等於是告訴對方「妳說的東西很有價值」或「妳很值得我結

交」。無形中，妳讓說者的自尊心得到了滿足，使他感到了自己說話的價值。反過來，說者對聽者的感情就會產生一個飛躍，「他能理解我」、「他真是我的知己啊」。於是，兩人心靈的距離縮短了，交流使兩人成了好朋友。

那麼，女人如何做一個聽話高手，在交際場合中大展魅力呢？

首先要認識到：認真聽是最重要的。認真而仔細地傾聽對方談話，是尊重對方的前提，有了前提才會有真誠的交流。接下來，友好而熱情地對待對方，並且不時給對方鼓勵，也是尊重對方的重點。

「傾聽，妳傾聽得越久，對方就會越接近妳。據我觀察，有些業務人員喋喋不休。上帝為何給我們兩個耳朵一張嘴？我想，意思就是讓我們多聽少說！」凱麗娜‧吉拉德對這一點的感觸很深，因為她從她的客戶那裡學到了這一道理。

凱麗娜花了近半個小時才讓一個客戶下定決心買車，而後，凱麗娜需要做的，只不過是讓他走進自己的辦公室，簽下一個合約。

當兩人向她的辦公室走去時，那人開始向她提起他的兒子，因為他兒子就要考進一所有名的大學了。他十分自豪地說：「凱麗娜，我兒子要當醫生。」

「那太棒了。」凱麗娜說。當他們繼續往前走時，凱麗娜卻看著其他的人。

「凱麗娜，我的孩子很聰明吧，」他繼續說，「在他還是嬰兒時，我就發現他相當聰明。」

「成績非常不錯吧？」凱麗娜說，但眼睛仍然望著別處。

「在他們班是最棒的。」客戶又說。

「那他高中畢業後打算做什麼？」凱麗娜問道。

「我告訴過妳的，凱麗娜，他要到大學學醫。」

「那太好了。」凱麗娜說。

突然，那人看著她，意識到凱麗娜太忽視他所講的話了。「嗯，瞧，」他說了一句，「我該走了。」就這樣，他走了。

第二天上午，凱麗娜給那人的辦公室打電話說：「我是凱麗娜·吉拉德，我希望您能來一趟，我想我有一輛好車可以賣給您。」

「哦，偉大的業務員小姐，」他說，「我想讓妳知道的是，我已經從別人那裡買了車。」

「是嗎？」凱麗娜說。

「是的，我從那個欣賞、讚賞我的人那裡買的。當我提起我對我的兒子吉米有多驕傲時，她是那麼認真地聽。」

隨後他沉默了一會，又說：「凱麗娜，妳並沒有聽我說話。對妳來說，我兒子吉米成不成為醫生並不重要。好，現在讓我告訴妳，當別人跟妳講他的喜惡時，妳得聽著，而且必須全神貫注地聽。」

頓時，凱麗娜明白了。凱麗娜此時才意識到自己犯了個多麼大的錯誤。

「先生，如果那就是您沒從我這兒買車的原因，」凱麗娜說，「那確實是個不錯的理由。如果換我，我也不會從那些不認真聽我說話的人那裡買東西。那麼，十分對不起。然而，現在我希望您能知道我是怎樣想的。」

「妳怎麼想？」

「我認為您很偉大。我覺得您送您兒子上大學是十分明智的。我敢打賭您兒子一定會成為世上最出色的醫生。我很抱歉讓您覺得我無用，但是，您能給我一個贖罪的機會嗎？」

「什麼機會？」

「如果有一天您能再來，我一定會向您證明我是一個忠實的聽眾，我會很樂意那麼做。當然，經過昨天的事，您不再來也是無可厚非的。」

三年後，他又來了，凱麗娜賣給他一輛車。他不僅買了一輛車，而且也介紹了他許多的同事來買車。後來，凱麗娜還賣了一輛車給他的兒子──吉米醫生。

傾聽的好處就在於，妳可以從多種角度看問題。如果人們意識到妳有這種能力，他們就會更願意支持妳。從人們的各種評論中發現新的可能性，哪怕是負面的觀點或是刻薄的論點都有價值。即使什麼都沒有，妳也能從中感覺出未來工作的難易程度。如果雙方都急於表達自己的意願，卻不聽對方的談話，那麼溝通將無從談起，得到理解和支持更是難上加難。所以，想要贏得人心，學會傾聽很重要。值得注意的是，傾聽，不僅是用耳朵聽，還要用心聽。怎麼做才能使對方感受到妳在全神貫注地傾聽呢？美國俄亥俄州州立大學的臨床心理學家瑪依凱魯·拉克勞塞博士，曾以諮商為對象做了一個關於傾聽的實驗。實驗得出，保持微笑、頻繁地點頭、談話中 80％的時間看著對方的眼睛、和對方面對面交談時採取上身前傾 20°等姿勢，會讓對方感覺到我們的真誠，從而願意向我們透露其內心的真實想法。

看來做一個謙虛忍耐的聽者，是談話藝術當中一項相當重要的條件。因為能靜坐聆聽別人意見的人，必定是一個富有思想和具有謙虛柔和性格的人。這種人在人群之中，起初也許不大受注意，但最後則是最受人尊敬的。因為他虛心，所以被大家所喜歡；因為他善於思考，所以被大家所信仰。那麼，怎樣做一個良好的聽者呢？

★ **要有良好的精神狀態**：良好的精神狀態是保證傾聽特質的重要前提。如果溝通的一方萎靡不振，是不會取得良好的傾聽效果的，它只會使溝通特質大打折扣，而保持身體警覺，則有助於使大腦處於興奮狀態。

★ **及時用動作和表情給予回應**：談話時，應善於運用自己的姿態、表情、插入語和感嘆詞，例如：微笑、點頭等，配合對方的語氣，適當表述自己的意見，會使談話更加融洽。

★ **使用開放性動作**：開放性動作是一種資訊傳遞方式，代表著接受、容納、興趣與信任。這會讓說話者感到妳已經做好準備積極適應他的思路，理解他所說的話，並給予及時的回應。它傳達給他人的是一種肯定、信任、關心乃至鼓勵的訊息。

★ **必要的沉默**：沉默是人際交往中的一種手段，它看似一種狀態，實際蘊涵著豐富的訊息。它就像樂譜上的休止符，運用得當，則含義無窮，真正可以達到「無聲勝有聲」的效果。但沉默一定要運用得體，不可不分場合，故作高深而濫用沉默。沉默一定要與語言相輔相成，才能獲得最佳的效果。

★ **適時適度地提問**：適時適度地提出問題是一種傾聽的方法，它能夠給講話者鼓勵，有助於雙方的相互溝通。

★ **不要隨便打斷別人講話，要有耐心**：當碰到說話內容很多，或者由於情緒激動等原因，語言表達有些零散甚至混亂的人，妳都應該耐心地聽完他的敘述。即使有些內容是妳不想聽的，也要耐心聽完，千萬不要在別人沒有表達完自己的意思時，隨意地打斷別人的話語。當別人流暢地談話時，隨便插話打岔，改變說話人的思路和話題，或者任意發表評論，都會被認為是一種沒有教養或不禮貌的行為。

★ **要使別人對妳感興趣，那就先對別人感興趣**：問別人喜歡回答的問題，鼓勵他人談論自己及所取得的成就。不要忘記與妳談話的人，他對他自己的一切，比對妳的問題要感興趣得多。

總之，傾聽需要做到耳到、眼到、心到，當妳透過巧妙的應答，輕鬆把別人引向妳所需要的方向或層次，這樣妳就輕鬆掌握談話的主動權了。

● 適度的自嘲化解尷尬

如果妳才華極高，一旦出現意外失誤，就會使被妳比下去的人，在無關緊要的事情上占了上風。這不僅滿足了他們的虛榮心，也減少了他們對妳的敵意。所以，如果妳擁有較高才能，拿自己的缺點開個玩笑，或者出現個意外的失誤，會使妳更受歡迎。

從心理學角度來講，自嘲是一種幽默的生活態度，是聰明人的智慧火花；自嘲是幽默的最高境界；自嘲也是高尚人格和自信的體現，它表現的是自嘲者的低姿態以及良好的修養。自嘲，實際上是當事人採取的一種貌似消極、實為積極的促使交談向好的方向轉化的手段，所以，自嘲者勇於拿自己「開槍」，而不傷害任何人。可以說，它既是一種幽默的說話方式，也是一種幽默的生活態度和心理調劑方式，能增加生活的樂趣，能解除尷尬，能拉近人與人之間的距離，它是一種人生智慧。

一般說來，沒有人願意成為大家取笑的對象。知道了這一點，妳就能明白為什麼有的人很容易逗別人樂了。大家都有一種潛意識裡的優越感，在幽默者適度的自嘲中，人們感受到的是自己心裡那隱約的優越感。因此，不用擔心自嘲會讓人知道妳的短處，引來鄙夷的目光。他們會為妳的

勇敢和風趣而折腰，因為妳不怕暴露自己，所以他們就會在心中對妳解除防範，把妳當成自己的朋友。

不過，自嘲雖然好處不少，但凡事不可過度。適度地自嘲可以緩和緊張的氣氛，化解尷尬的場面，贏得他人的好感，但如果刻意自嘲或頻繁使用它，就會給人一種對自己的不尊重之感。而一個人自己不尊重自己，自然也得不到他人的尊重。

自嘲也不是自貶，特別是不能對大家公認的優點自我貶低，這樣不但是在否定自己，也是在變相地否定他人的判斷，這會讓對方感到尷尬。因此，女人在自嘲時應掌握好以下幾點：

自嘲要適度。自嘲僅僅是一種輔助性的表達手段，不可亂用，要避免引起別人的誤解或傷害他人。

自嘲所表現的意義一定要積極，給人一種啟發性，避免給人留下沒有道德、耍小聰明和嘴皮子的印象。那樣，只會讓大家覺得妳淺薄無聊，「一點也不正經」。

自嘲要看好場合，在比較正式的場合，比如面試、開研討會等場合，盡量不要使用自嘲的方式，而應直白且誠懇地發表自己的觀點。

自嘲態度要慎重，目的要明確，不要遇到什麼事情都用自嘲來解決。比如消愁、逃避、譏諷，本著這樣的心態來自嘲，那麼最終只會使自己消沉下去。

自嘲是女人幽默的最高層次，口才好的女人取笑自己，可以消除誤會、抹去苦惱、感動別人，並獲得自尊自愛。

●「苦藥」上抹蜜，藥性並不減

生活中，盡量不要去批評別人，不得不批評的時候，最好採取間接方式，妳要始終對事不對人。

提起批評，也許更多人的理解是「挑刺」。其實，那只是批評中很小的部分。真正高明的批評是交流、引導和印證。

作為女人，如果妳希望妳的批評可以取得良好的效果，就要在方法上下功夫。一個人犯了錯誤後，最難以接受的就是大家的群起攻之，這樣勢必會傷害他的自尊心。怎樣批評，實際是一種說服的技巧，是一門溝通的藝術。批評意在打動對方，使對方能認識到自己的錯誤，回到正確的軌道上，而不是貶低對方。即使妳的動機是好的，是真心誠意的，也要注意方式和場合等問題。

良藥苦口利於病，但在現實生活中，批評的確不如良藥那樣為人所接受，甚至成了難以下嚥的「苦藥」。著手企業內的批評報導絕非易事，上下左右，利益利害，磕磕碰碰，枝蔓牽扯，批評幾乎真成了猶抱琵琶半遮面。批評得好，人家接受；反之，麻煩纏身，成了「不受歡迎的人」。因此，批評要學會變「害」為「利」，使硬接觸變成軟著陸，即在「苦藥」上抹點蜜，看似失去了鋒芒，但卻藥性不減。

郭晶進公司不到兩年，就坐上了部門經理的位子，但是有些下屬不服她，有的甚至公開和她作對，吳敏就是其中的一位。自從郭晶做了部門經理之後，吳敏經常遲到，一週五天，她甚至遲到四天。按公司規定，遲到半小時就按曠工一天算，是要扣薪水的。問題是，吳敏每次遲到都在半小時之內，所以無法按公司的規定進行處罰。郭晶知道自己必須採取辦法制止吳敏的這種行為，但又不能讓矛盾加深。

　　郭晶把吳敏叫到辦公室說：「妳最近總是來得比較晚，是不是有什麼困難？」「沒有啊，塞車又不是我能控制的事情，再說我並沒有違反公司的規定呀。」「我沒別的意思，妳不要多心。」郭晶明顯感覺到了對方的敵意。

　　「如果經理沒什麼事，我就出去做事了。」「等等，吳敏，妳家住在體育館附近吧。」「是啊。」吳敏疑惑地看著對方。「那正好，我家也在那個方向，以後妳早上在體育館東門等我，我開車上班可以順便帶妳一起來公司。」

　　沒想到郭晶說的是這事，吳敏反而有些不好意思，喃喃地說：「不，不用了……妳是經理，這樣做不太合適。」「沒關係，我們是同事啊，幫這個忙是應該的。」郭晶的話讓吳敏突然覺得不好意思，人家郭晶雖然當了經理，還能平等地看待自己，而自己這種消極的行為，實在是不應該。事後，雖然吳敏謝絕了郭晶的好意，但她此後再也不遲到了。

　　在批評的過程中，適時地採取先表揚後批評的方式，使得對方能樹立改正錯誤的信心及全新的自我形象。因為他從妳那裡得到的資訊是，自己是有優點的，因此有錯誤也能很容易地接受批評，並很快地改正。所以，批評的藝術，又可以稱之為女人成功的基本哲學。

　　批評和罵人不同，它們之間有著本質的區別，罵人是氣急敗壞的表現，是無賴的表現，這不需要多少水準，在大街上當個潑婦，肯定能罵得十分精彩。只是，罵人的行為除了讓被罵者受傷，或者被路人恥笑之外，沒有多少意義。而批評不同，批評的過程，是批評者站在一個公正的立場，站在一定的高度，透過事實、道理來對人與事進行的一場論證過程，它應該有著嚴謹有力的邏輯。因此，我們萬萬不可把罵人的行為扯進批評的範疇內。

批評別人，就要給別人服氣的理由。我們作為批評者，首先就要加強自身的文化修養，對批評的人和事情，要有自己獨到的眼光和見解，要公正地看待問題，而不能用黨同伐異的態度去行事。在批評的過程中，我們要保持自己個人的意識形態，有自己的鑑別能力。然後，透過自己對問題的看法，真誠地向批評對象提出自己的意見，並指明他應該去努力的方向。只要我們的見解是正確的，意見是真誠的，態度是誠懇的，別人又怎會不接受批評呢？

批評，顧名思義既要批也要評。批是批判，評是評價，當然也可以解釋為佳評。不管怎樣，不能光批不評。

在批評的過程中，我們絕不可以只批評不表揚。因為不管是人還是事，畢竟都還是有優點的。但這麼說，也絕不是鼓勵大家在批評別人的時候先來一段表揚，在表揚以後再來一個「但是」，「但是」的後面加上一串的批評。這樣的批評只能讓別人覺得虛假。就比如我們是老師，對於學生的懶惰行為，我們可以這樣來批評：妳很聰明，請以後勤奮點。而不要這麼說：妳很聰明，但是妳很懶惰。這兩種批評方式看起來沒多大區別，但前一種批評方法，已經在表揚中提出了自己對學生的要求，而後一種效果和第一種相比如何，大家肯定是心中有數了。

金無足赤，人無完人。只要是人，就可能犯錯。其實，任何有上進心的人都不願意犯錯。要批評一個人的錯誤時，最好讓對方感覺到自己的錯誤。妳的目的也是為了要幫助對方，而不是為了貶低對方的人格。因此，批評以適可而止、給對方留有餘地的方式為佳，會讓對方感謝妳的寬容。

● 說話要留意，關係再好也是同事

「人在江湖漂，哪能不挨刀」，《武林外傳》中，小郭輕巧的一句自嘲，道盡了江湖險惡。職場如江湖，有時辦公室裡的明爭暗鬥，比真實的江湖更加激烈殘酷，雖看不見刀光劍影，卻有人頻頻中招。在這些傷人不見血的「武器」中，最可怕的莫過於「暗箭」，因為「明槍易躲，暗箭難防」。對於那些看得見的敵人，我們可以防患於未然，可是對於那些職場裡湧動的暗流，我們是否也能清楚地知道呢？

辦公室不是一塊淨土，這裡有著錯綜複雜的利害關係。儘管妳極力避免與人為敵，但小人卻總是在妳背後不斷地「搞鬼」。因此，不要輕易相信妳的同事，即使妳的同事天天和妳在一起、對妳微笑，也不要失了提防之心。否則等到被炒魷魚，或者被上司批評，都不知道是誰放的箭。因此，儘早認清職場小人很有必要，因為面對身邊嗖嗖而過的暗箭，一味躲避，做職場逃兵並不可取。當然遍體鱗傷，還咬牙不流淚，也不是英雄所為。但當妳注意到身邊潛在的危機和暗中放箭的敵人，就可以做好防範攻略，使自己縱橫捭闔，步步高陞。

在編輯部，與莫妍最為交好的除了老杜，便是汪晴，再加上莫妍與老杜年齡相差較大，所以平日裡莫妍與汪晴走得較近。星期天一起相約去做美容、美甲。兩個人相處，自然會談及辦公室裡的人和事，其中最多的自然是編輯部主任王虹。

「妳說這王虹是不是有病啊，平時總拉著一張臉，好像誰欠她錢似的，真惹人厭。」汪晴喝了口咖啡抱怨著。

「呵呵，也是，自從我來公司就沒見她笑過。如果她前額再多個月彎，我想跟包公一樣。」莫妍也附和地說。

194 | 第 6 堂課　好口才，有好運

「呵呵，人家可是女的，還包公呢！」汪晴笑著糾正。

「欸，妳說她老公和她是怎麼相處的？要是平日裡說甜言蜜語，或者是做些親密的動作的時候，她是不是也拉著那張臉。真要是這樣，那她老公怎麼受得了。」莫妍想著那幅畫面就覺得好笑。

「妳還說，人家老公或許就喜歡這樣呢，我們辦公室裡面凡是結過婚的，夫妻間時不時就會鬧點事，可是有關王虹的卻從未聽說過。」汪晴說。

「是嗎，或許每個人的喜好不同。不過真要是這樣，那王虹老公的喜好也太特別了。」莫妍笑了笑。

汪晴大嘆一口氣抱怨說：「那是，不過可是苦了我們了。」

「是啊，每天看著她的那張冷臉，我心情就變得很差，就連中午吃飯都有些倒胃口。」莫妍有些許低落地說。

汪晴說：「心情變糟是小事，關鍵是人家還時不時地找妳一點麻煩，上班就是一個字 —— 累。不但身累，心更累。」

莫妍說：「是啊，我看照這樣下去，用不了幾年，我也會被她折磨得冷血無情。」

「可好了，明天上班，我還得繼續承受她的荼毒。」汪晴發了發抖說。

「天啊，萬惡的星期一，因為她而變得更加恐怖。我還是早點離開，儲備好力氣去迎接明天的黑暗吧！」莫妍喝完最後一口咖啡說。

星期一，莫妍在戰戰兢兢中終於等到了下班，約了幾個好友準備去吃火鍋。可是在過馬路的時候，莫妍看見汪晴居然和王虹一起走進了一家餐廳。莫妍的眼皮開始跳，想到昨天還有以前，自己還和汪晴一起說王虹壞話，背上冒起了冷汗。為了證實自己的想法，莫妍打電話告訴好友們自己臨時有事，然後便悄悄地跟了進去，找了個相近的位置坐了下來。

聽汪晴和王虹兩人說說笑笑，莫妍覺得她們兩人的關係並不像辦公室裡所表現的那樣。那麼自己以前在汪晴面前說過的所有壞話，說不定王虹已全部知道了。果然，沒一會，莫妍聽到汪晴說：「哎，昨天跟莫妍在一起時，人家說妳整天板著一張臉，影響她心情，而且還倒人家胃口。」

王虹有些不高興地說：「哼，她以為自己名校畢業就了不起啊！也不拿鏡子看看自己是個什麼東西，居然還敢說別人不是。」

聽到王虹的話，莫妍有些氣憤，但更讓莫妍氣憤的是，汪晴居然把自己與她所說的話告訴了王虹，當然汪晴省去了自己所說的那些話。

汪晴說：「她還說妳老公有些變態，居然喜歡妳這麼一個冷血無情的傢伙。」

王虹說：「哎，妳說她怎麼這樣啊！我和我老公關她什麼事，真是無聊。」

聽到這裡，莫妍心裡有些發涼，平日裡汪晴與自己掏心掏肺，無論何事好像都與自己站在同一戰線上似的，沒想到背後人家卻來了這麼一招。莫妍回去的路上越想越氣，真想打電話把汪晴臭罵一頓，可是剛拿起電話又放下來。怎麼罵，這事要怪只能怪自己識人不清。再說了，這一罵，以後汪晴這小人還會怎麼整自己呢。想了想還是撥通了男友李楓的電話，把汪晴臭罵了一頓，算是出了一口氣。等到莫妍罵完，李楓說道：「親愛的，罵完了，消氣了吧。妳啊，怎麼就這麼容易相信人。」

「什麼嘛，是她太會偽裝了好不好。誰會想到每天掏心掏肺的一個人，背後裡居然搞這樣的鬼。」莫妍仍有些憤憤不平地說。

李楓說：「這件事確實有些棘手。畢竟認清一個偽君子確實不是一件容易的事。不過妳要記住的是，別以為所有的笑容都是善意的，有時候它只是迷惑妳的假象，等到妳走進了他設計好的圈子，那麼就有妳受的了。」

莫妍說：「是呀！幸虧我發現得早，不然哪一天我說了更過分的話，那我可就在不知不覺中成了王虹的眼中釘，到那時我的死期就近了。」

「知道就好，以後別動不動就在別人面前抱怨辦公室裡的人，尤其是在同事面前抱怨。」李楓囑咐說。

莫妍說：「好，不用你提醒，經過這件事，以後打死我也不敢在別人面前說他人的壞話，不然丟了飯碗我喝西北風去。」

「不會呀！妳不是還有我這個大才子嗎？我怎麼忍心讓妳喝西北風去呀！說吧，今晚想吃什麼，我請客。」李楓心疼地說。

「不了，今天有點累了，明天我們再約吧！拜拜！」莫妍說。

「好吧！那就明天。回去後早點休息，別想太多。」李楓不忘囑咐。

跟李楓通完電話，莫妍心裡好受了一些，不過想到汪晴居然是一個「偽君子」，莫妍心裡還是陣陣不爽。但在以後的工作中，莫妍儘管與汪晴保持著友好的關係，卻從未在汪晴面前說過辦公室其他人的壞話，相反，莫妍還會時不時地在汪晴面前誇讚辦公室裡的其他人。

其實，現代社會中的現代組織，人與事變得越來越錯綜複雜、微妙神祕，想要完全脫身，置身於一切流言之外是不可能的，幾乎很少有人能一生都不曾被人中傷過，但我們必須相信：別人的嘴巴長在別人的臉上，不可能管得了；但自己的嘴巴卻是長在我們自己身上，完全有可能不去說。無論如何，請相信這樣一條真理吧：「說閒話者，終被閒話所累！」

所以，如果在工作之餘，有人神祕莫測地對妳說：「有件事，我一直想告訴妳……。」此時妳千萬別把耳朵豎太高，一副趨之若鶩的樣子。最好是裝傻：「噢，我也有一件事一直想告訴妳，知道嗎？妳前段時間跟我提的那家美容店我昨天去過了，可是……。」或者：「我也有件事要告訴妳，前幾天我在網路上亂逛時不小心進入了一個討論區，沒想到別人的生

活理念跟妳我的完全不一樣……。」總之，妳的話越有吸引力越好，直到那個人忘記了「告訴妳」為止。

另外，在辦公室裡大談人生理想，不但會顯得有點滑稽，也會一不留神讓妳成了流言的靶子。如果妳時不時就要氣貫長虹地發表一通宣言：「35 歲時我必須幹到部門經理」、「40 歲時我一定要有一家自己的公司」。可能要不了多久，妳的老闆或部門經理就會對妳「另眼相看」。

流言像「梳頭髮」一樣自然，像「呼吸」一樣必不可少。為了自身名譽和前途著想，適可而止地參與八卦無傷大雅，不會造成多大的危害，但是，參與八卦一定要掌握好分寸，最怕的是口無遮攔，有事沒事就在公司裡豎起耳朵，四處打聽，然後把聽到的添油加醋地傳播出去。這種做法很危險！妳要知道，紙是包不住火的！任何花邊新聞，遲早都會傳到當事人的耳中，而受害者對傳播「八卦新聞」的罪魁禍首的怨恨，遲早會發洩出來。禍從口出！不要忘記這條古訓！

那麼，在職場中，我們要如何才能識別那些偽君子呢？

★ **眼神真誠度**：眼睛是心靈的窗口，如果說話的時候，眼睛不停地左右閃爍，那麼多少說明他的心理活動比較頻繁；眨眼速率的變化，也與人的內心情感相關聯，對於速度忽快忽慢，頻率不定的人，請妳敬而遠之。

★ **笑意達心底**：妳試著對鏡子練微笑，不管嘴角的弧度多麼誘人，妳能夠保持多久發自內心的笑容呢？同樣，如果妳不具備特別會調節氣氛、讓別人笑起來的能力，那麼對方對妳笑得如此賣力，是另有目的還是職業本能？對於那些將笑當成手段的人，還是保持點距離。

★ **握手動作顯誠意**：握手是現代社會人與人之間表示友好的象徵性動作。如果一個人跟妳握手時只伸出了手指，那代表他精於世故、吝嗇

貪婪，內心中對他人充滿了蔑視。如果剛見面的人有這樣的表現，那還是應該多多了解，再作深交。

● 不該說的話，請閉上嘴

女人愛閒聊，話題往往五花八門，但女人說話時一定要注意：作為一個有德行的人，不要對自己不了解的人和事妄加評說 —— 輕言易失言，要防止無意中傷害了別人，或給別人留下攻擊自己的口實，因為「說者無心，聽者有意」。

有一句諺語說得好：「鳥會被自己的雙腳絆住，人會被自己的舌頭所累。」這句話簡直可以成為真理。看看有多少人是因為管不住自己的嘴巴，而在無意中得罪了同事和上司，招惹了麻煩，最終影響了自己的工作和前程。

「言多有失，禍從口出」，這絕不是危言聳聽之語。既然我們都要靠自己的表現來獲得發展機會，那麼「管住嘴巴少惹是非」是必需的。

待人處事過程中，場面話女人都能說，但並不是誰都會說，一不小心，也許妳就踏進了言語的「地雷」，觸到了對方的隱私和短處，犯了對方的忌，對聽話者造成一定的傷害。其實，每個人都有所長，亦有所短，待人處事的成功，一個很重要的因素就是善於發現對方身上的優點，誇獎對方的長處，而不是抓住別人的隱私、痛處和缺點，大做文章。切記：揭人之短，傷人自尊！

陳潔在公司裡任主管，組裡有幾位女性老員工和她關係很好，幾個人經常一起吃飯、出去玩等等。後來公司來了幾個新員工，其中有兩個工作能力還不錯，於是陳潔就趁著過中秋的時候帶著自己的幾個心腹，準備請新員工吃飯。

在飯桌上，幾個人聊到了工作上的一些問題。其中有一個女性新員工，由於是名校畢業，能力又強，業績也最出色，所以說話總是特別張揚，不一會，竟然當著那麼多人的面反駁陳潔的錯誤觀點。

原因就是前段時間，新專案需要每天繁瑣地查，這位新員工覺得太浪費時間，於是向陳潔提議建立一個資料庫。陳潔卻無知地說她的電腦裝不了那麼多數據。可是沒幾天資料庫就建立起來了，陳潔後來也沒說什麼。

原本沒什麼人知道這件事，但經新員工這麼一說，大家都知道了。陳潔的臉一下子就垮了下來。新員工沒給她留面子，直接導致陳潔在那次事件後處處為難她，這下這位初涉職場的新人才吃到了苦頭。

被擊中痛處，對任何人來說，都不是一件愉快的事。尤其是他人做錯的事，或其身上的缺陷，千萬不能用言語加以攻擊。無論是什麼人，只要妳觸及了他的傷疤，他都會採取一定的方法進行反擊。

「一句惡語三伏寒」，傷害人的話說出口，給對方的自尊造成傷害的同時，對方的「自衛反擊」也會給自己造成傷害。比如有的女性和丈夫爭吵，一開始會就事論事，但慢慢就會數落起對方以前一些痛苦的事，最後使一件原本很小的事變得無法收場。

那麼，女人怎樣才能做到在待人處事中不「揭人之短」呢？

女人必須通曉對方，做到既了解對方的長處，也了解對方的不足。這樣才能在交際中做到「知彼知己，百戰百勝」。因為每個人都會有自己的個性和習慣，有自己的需求和忌諱。如果女人對交際對象的優缺點一無所知，那麼交際起來就會「盲人騎瞎馬」，難免踏進「地雷」，觸犯對方的隱私。

有這樣一個真實的例子：有一群人在看電視劇，劇中有婆媳爭吵的鏡頭。張大嫂便隨口議論：「我看，現在做媳婦的真是不知道好歹，不願意

和老人住在一起，也不想想以後自己老了怎麼辦？」話未說完，旁邊的小齊馬上站了起來，怒聲說：「妳說話客氣點，別找碴，我最討厭別人指桑罵槐！」原來小齊平時與婆婆關係失和，最近剛從家裡搬出另住。張大嫂由於不了解情況，無意中揭了小齊的短而得罪了她。所以只有了解交際對象的長處和短處，交際才能做到有的放矢。

女人要善於擇善棄惡。在待人處事中要多誇別人的長處，盡量迴避對方的缺點和錯誤，又有誰願意提及自己不光彩的一面呢？特別是，如果有人拿這些不光彩問題來做文章，就等於在傷口上撒鹽，無論是誰都不能忍受的。

女人要懂得巧妙地給對方留面子。有時候，對方的缺點和錯誤無法迴避，必須直接面對，這時就要採取委婉含蓄的說法，淡化矛盾，以免發生衝突。

此外，許多情況下，在待人處事中經常有人是「常有理不見得會說話」，自己在理卻總是說不到點上。所以，想要把話說到別人的心坎上，除了不揭人之短外，還要特別注意「避人所忌」，具體有以下三個方面應該特別注意：

★ **不要主動涉及別人的隱私**：客觀地說，每個人都有一些不願公開的祕密。尊重別人的隱私，是尊重他人人格的表現。所以，當女人與別人交談時，切勿魯莽地隨意提及別人的隱私，這樣，別人就會覺得妳遵循了待人處事中人際交往的「禮貌原則」。因此，便會樂意跟妳交談和交往。反之，假如女人不顧別人保留隱私的心理需要，盲目觸及「地雷」，不僅會影響彼此之間談話的效果，而且別人還會對妳產生不良印象，進而破壞人際關係。比如，別人的戀愛、婚姻正遭遇某種挫折，而且又不願向旁人透露時，妳若在交談中一味地刨根問底，肯定會引起對方的反感。

★ **不要主動提及別人的傷感事**：女人與別人談話時，要留意別人的情緒，話題不要隨意觸及對方的「情感禁地」。比如，當妳的交談對象正遇到某種打擊，情緒沮喪低落時，妳與之交談，對方又不願主動提及傷感的事，就最好躲避這類話題，以免使對方再度陷入「情感沼澤」，進而影響彼此間的繼續交談和友誼。

★ **不要主動提及別人的尷尬事**：當別人在生活中遇到某些不盡如人意的事時，女人若與之交談，最好不要主動引出這一有可能令對方尷尬的話題。比如，別人正遇上升學考試不及格、提拔升遷沒能如願或某項奮鬥目標未獲預期的成功等，而別人又不願主動向妳訴說，若不顧別人的意願而主動問及此事，那麼，妳的交談對象就會因此而陷入尷尬，進而對妳的談話產生排斥心理。

還是俗話說得好，「打人不打臉，揭人不揭短」，女人想要與他人友好相處，就要盡量體諒他人，維護他人的自尊，避開言語「地雷」，千萬不要揭人之短！

●「捧」是女人的一件「法器」

如果有人發現一種對人類的精神具有奇效的藥，那該多好 —— 這是一種自我的滋養劑，妳能隨時把它帶在口袋裡。當妳碰到意志消沉的人，他對人態度冷淡或給妳難堪，妳只要從瓶子裡倒出一點讓他服下，他的自尊心會很快抬起頭來，他會變得友善而合作。

而事實上，真的有這樣一種靈丹妙方，只要一點點，其驚人的效力與任何特效藥一樣大。這種特效藥就是「捧」。

初接觸「捧」這個字，也許許多人會覺得不順眼，其實這只是心理作

用，「捧」是拉近人與人的心理距離的重要手段，可以為求人辦事提供便利。捧是宣傳，宣傳是政治家所謂的「捧」；「捧」是廣告，廣告就是商人所謂的「捧」，不過商人的廣告，是「自己捧自己」。所謂「捧」，並不是瞎捧，也不是亂捧，要根據對方的實際情形來捧，因為每個人各有所短，也各有所長。普通人對於別人，只見其短處，不見其長處，且把短處看得很重大，把長處看得很平凡，所以往往有「欲捧而無可捧」之感。其實只要妳先存著「人無完人」的思想，原諒他的短處，看重他的長處，可捧的地方多著呢！而且妳捧某人，並不表示欺世媚俗，只是要使大眾注意對方的長處，也讓對方對自己的長處，因為大家的注意而特別愛惜，特別努力，做得比先前更好，所以妳捧人家是「成物」，反過來，受捧之人必定會感激妳，那麼「成物」正是「成己」，可見捧是「成己成物」的工具，絕非卑鄙的行為。

從前有人以不隨意捧人為正直的標準，這樣的人到底正直與否尚待討論，不過這種人眼高手低、心胸狹窄，這倒是不能否認的事實。眼界高、心胸窄的人必不十分得意，因為自己不得意，對於一般人多少也有仇視妒忌的成分，所以越發不肯隨意去捧人。另外，年輕人不肯隨意捧人，一是認為捧人便是阿諛諂媚，有損自己的人格；二是自恃太高，一般人都不放在眼裡；三是擔心別人勝過自己，弄得相形見絀。年輕人必須剷除這種不健康的心理，而要用心研究捧人的方法，自然能體會出其中的奧妙。

有位王女士，認識許多學術界的泰斗，並常常能得到他們的指點。問及他們之間的相識，也是緣於讚美運用得體。有很多人也曾拜訪過這些大師，但往往談不上幾句便無話可說，很快被「趕」了出來，而他竟成為大師們的座上客，其中的奧祕不言而喻。

作為準備在學術領域有所建樹的王女士，自然也很仰慕這些大師，她

深知拜訪這些人不易。每當第一次拜訪某位專家時，她先將這個人的著作或特長仔細研究一番，並寫下自己的心得。見面之後，先讚揚其著作和學術成果，並提出自己的想法。由於她談的正是大師畢生致力於其中的領域，自然也就能激起大師的興趣，使彼此有了共同話題。談話中，王女士又不失時機地提出自己不理解的地方，請求大師指點，在興奮之際，大師自然不吝賜教，於是王女士既達到了結交的目的，又增加了許多見識，並解決了心中存在的疑惑，可謂一舉數得。

捧人，是拉近彼此之間的距離的一種重要方式，可以為妳的說話辦事提供便利。

捧人的方法很多，其中最奏效的辦法，就是在某甲的背後，大力宣揚他的長處，使聽到的人對某甲產生好印象，這樣事後間接傳到某甲的耳中，效果自然比當面捧他更有力，將來一遇上機會，某甲一定也會回報妳，把妳大捧一番。

黃蓉是一個人緣極好的人，她十分善於「借她人之嘴」來為自己說話。有一次，公司來了新同事，因為下班正好順路，所以她們經常一同回家。在路上，黃蓉相當熱心地為新同事介紹公司的情況、每個人的脾氣秉性、工作習慣等，說得最多的就是她們頭頂的上司李姐。

「李姐是個很有能力的人。我們這個部門以前是被批評最多的，自從李姐來後，簡直是把我們這個部門變得煥然一新了。上班她總是第一個來公司，幾年了一直如此。而且對做的每一件事，她都力求做到最好，從不延誤。我們下面的員工就是受到了她的感染，才轉變了工作態度。而且妳別看李姐平時挺嚴肅，要是有公司聚會什麼的，她表現得可活躍了，她唱歌是一流的！除此之外，她還會跳舞，還會設計，還會做小點心。李姐就是一個全才。」

不久，大家約去 KTV 唱歌，新同事看著李姐玩得如此盡興，張口說道：「沒想到李姐的歌唱得這麼好，黃蓉姐就經常跟我說妳的歌唱得特別棒。當時她說妳工作能力又強，還有很多特長，我還真有點不敢相信呢！現在我全信了，黃蓉姐和我都特別崇拜妳。」

李姐聽後，會意地朝黃蓉笑了笑。在那以後，李姐對黃蓉更加照顧了。

正所謂「我捧人一分，人捧我十分」。常言道：有錢難買背後好。可見一般人更重視背後捧，這也是人之常情。

「捧」對於妳的家人、朋友同樣重要。俗話說：「家和萬事興。」家庭和睦，則萬事興旺，作為父母，適當地捧捧自己的孩子，可以使孩子更具有自尊心和自信心，可以聯絡家長與孩子的感情。而朋友之間相互讚美，是友誼產生的前提之一，因為既然成為朋友，就一定有雙方相互欣賞的一面。

人總是喜歡別人讚美的。有時，即使明知對方講的是讚美話，心中還是免不了會沾沾自喜，這是人性的弱點。

換句話說，一個人受到別人的誇讚，絕不會覺得厭惡，除非對方說得太離譜了。

正常的情況下，一個人聽到別人的讚美話，心中必定是非常高興，臉上也會堆滿笑容，雖然也許他口中連說：「哪裡，我沒那麼好」、「妳真是會講話！」但其實心中是無論如何都抹不去那份喜悅的。因此，說讚美話是每個人必備的說話「詭計」，讚美話說得得體，更堪稱是操縱他人的基礎工程。

第 7 堂課
用形象凝聚吸引力，靠妝容展現神韻美

　　有很多不拘小節的人，認為外表是無關緊要的細節，這種觀點，往往使他們在交往中受挫且不自知。事實上，形象跟外表關係很大，在一個新的環境中，那些穿著有品味的人總是能一下子成為焦點，而這又令她們更加自信，更具神韻美。因此，著裝造型對女性形象的提升特別重要，尤其是在一些特殊場合。如果想要吸引目光，就需要把自己從頭到尾地打理一番，塑造出良好的形象，如此才能給人好感，讓人願意接近，從而給他人留下難忘的印象。

● 形象是女人笑傲江湖的資本

　　形象不是財富，但它的作用卻勝過財富。良好的個人形象是一種資本，不管在什麼樣的場合，良好的個人形象都能使妳在生活中大放異彩。對於女人來說，良好的形象更為重要，既可以提高自身的價值，也可以提升自己在別人心中的地位。所以有人說，好形象成就好女人，美麗形象塑造魅力女人。

　　良好的個人形象是女性的無形資本。現代社會中，女性之間的競爭無處不在，良好的氣質和形象決定著女人的價值，聰明的職場女性，總善於利用好的形象資本，為自己的事業發展創造機會。據一項調查顯示：「女性在職場最重要的資本是什麼？」其中能力占40％，之後依次為容貌占33％，關係占14％，學歷占8％，金錢和職位各占1％。沒想到女人的容貌居然占有這麼高的地位。看來一個健康而有魅力的形象，將給女性的事業發展帶來額外獲利。根據國外相關調查，在能力相同的情況下，漂亮的人要多賺5％。

　　看來，塑造良好的形象，是女性成就人生的必需，也是生活幸福的必備。看看現實，女性面對事業的挑戰時，即使同樣的條件，同樣的能力，

同樣的機運，能否取得同等的對待，往往要看她的形象。眾多事實表明：形象常常是女性事業成功的最好幫手。

麗是一家廣告公司的老闆，30 歲以前，她面對唇槍舌劍、激烈辯爭的對手總顯得底氣不足、缺乏信心，一身單調的職業裝以及一頭長髮，讓她在談判的關鍵時刻倍感壓抑。之後一個偶然機會，她接受了形象設計公司的專業指導，在形象設計師的堅持下，麗剪掉了留多年的長髮，換上了一身莊重並富有朝氣的高級套裝。從此以後，她總能以優雅幹練、精神飽滿的面貌出現，並自信地保持自己的立場，遊刃有餘地堅守底線，而對手只能屈服於這個煥然一新的女強人。

美國一所大學曾對《幸福》雜誌所列 100 家大公司的高級執行經理和人事主管同時做了全面的調查。調查結果表明，93％的公司經理都認為職員的個人形象非常重要。接受調查人員的職位越高，越強調個人形象對於獲得成功的重要性。在競爭日益激烈的就業市場上，作為一個女性，僅僅持有資格證書，甚至擁有工作經驗都是不夠的，僱主的要求已越來越高。據統計，在工作失敗的女性中，35％的人是因為不良形象所導致的。公認的有魅力的女性的個人形象是：穿著得體、談吐優雅、有條不紊和具有職業權威。特別是西方國家，對於個人的形象非常重視，因此一些大公司對員工的服裝形象要求特別地高，聰明的員工要善於把自己的良好形象，當成自己升遷和事業成功的資本。

而當女性面對人生的砥礪時，即使不同的處境，不同的經歷，不同的壓力，能否順心如意，也要看她的形象，因為人生的經驗表明：好形象常常是女性生活幸福的最大資本。

所以，女人一定要不斷地提升自我，塑造良好的個人形象。當然了，良好的形象不一定非要天生麗質，它體現的是一種得體，一種由內而外的

豐富的內涵與多彩的表現。

　　總之，女人的形象就是一種無形的財富，經營好自己的形象就是經營好自己的未來，對形象資本的投資就是對自己未來的投資。每一個幸福的女人，都要善於為自己打造良好的個人形象，並把它變成自己幸福的資本。

● 氣質比臉蛋更重要

　　女人是美麗的。女人的美麗是一種擋不住的誘惑，是一種說不清的魅力。而女性真正的美，主要體現在她們身上具有的特殊氣質，這種氣質對男人有著異常的吸引力。

　　人們知道，氣質是一個人相對穩定的個性特質、風格以及氣度。性格豪放，瀟灑大方，往往表現出一種聰慧的氣質；性格開朗，溫文儒雅，多顯露出高潔的氣質；性格直爽，風度豪放雄健，氣質多表現為粗獷；性格溫柔，風度秀麗端莊，氣質則表現為恬靜等等。一個女人，無論聰慧、高潔，還是粗獷、恬靜，都能產生一定的美感。相反，那種刁鑽奸猾、孤傲冷僻，或卑瑣委靡的氣質，除了使人厭惡之外，絕無其他，何來美感可言。

　　在現實生活中，有相當數量的女性只注意穿著打扮，並不怎麼注意自己的氣質是否合乎美的標準。確實，美的容貌、入時的服飾、精心的打扮，都能給人美感。但這種外表的美總顯得淺淡短暫些，如同天上的流雲。如果是有心人，則會發現，氣質給人的美感是不受年齡、服飾和打扮所限制的，而且真正的美首先來自於氣質。

　　女性的氣質美才是真正的美，氣質美又是一種有形的美。女人的氣質

就像是香水。香水是無數花蕊凝聚的精華，卻不再和面貌有關，它現在是無色透明的了。氣質是透過一個人對待生活的態度、個性特徵、言談舉止等表現出來的。

　　一個女人的容貌體型、外部裝飾所表現出的美，在人的外表美中只占一部分，甚至是一小部分，而氣質給人的美感不受年齡、服飾和打扮的限制。這種氣質無論是對異性，還是對同性都具有同樣的吸引力。

　　氣質來自於內心，是美麗的核心內容，是女人征服一切的利器。生活中，當一個外表並不漂亮，卻擁有幽雅氣質的女士與妳擦肩而過時，妳就能被她的魅力所折服。其實，根本原因是她的氣質點綴了魅力，使魅力顯得更加光彩動人。

　　女人擁有高雅氣質，是她一生的財富。在日常交際、與人合作時都顯得非常重要。當妳遇到一個與妳相交不久，對妳還不甚了解的人時，第一印象，將決定著別人是否願意繼續與妳打交道或與妳合作。所以，女性應特別注重培養自己的優美氣質和風度，它比美容、化妝、服飾更重要。

　　女人的容貌如同一朵花，它會隨著季節的變更而日漸凋零。而氣質卻可以給人帶來永久的風采，它可以打破時間、空間、外部因素的限制，使女人魅力長存。

　　有氣質的女人就是花叢中的一朵嫣紅，最後終於變成一滴最精粹的金黃色的花蜜，讓妳在驚嘆中慢慢地回味。

　　在現實生活中，有相當數量的女人只注意穿著打扮，並不怎麼注意自己的氣質是否給人美感。確實，美麗的容貌、時髦的服飾、精心的打扮，都能給人美感。但是這種外表的美總是膚淺而短暫的，如同天上的流雲，轉瞬即逝。如果妳是有心人，則會發現，氣質給人的美感是不受年紀、服飾和打扮侷限的。

氣質美是豐富內心世界的外顯。它包含了人們文化素質的提高、知識和經驗的沉積以及品德和修養的凝練。品德是錘鍊氣質的基石，為人誠懇、心地善良、胸襟開闊、內心安然是不可缺少的。

氣質美看似無形，實則有形。它是透過一個人對待生活的態度、個性特徵、言行舉止等表現出來的。一個女子的舉手投足，待人接物的風度，皆屬氣質。朋友初交，互相打量，立即產生好的印象。這種好感除了來自言談之外，還來自作風舉止。熱情而不輕浮，大方而不傲慢，就表露出一種高雅的氣質；狂熱浮躁或自命不凡，就是氣質低劣的表現。

氣質美還表現在性格上。這就涉及平時的修養。要忌怒忌狂，能忍辱謙讓，關懷體貼別人。忍讓並非沉默，更不是逆來順受、毫無主見。相反，開朗的性格，往往透露出大氣凜然的風度，更易表現出內心的情感。而富有感情的人，在氣質上當然更添風采。

高雅的興趣是氣質美的另一種表現。例如，愛好文學並有一定的表達能力，欣賞音樂且有較好的樂感，喜歡美術而有基本的色調感等等。

氣質美在於美的和諧與統一，在於對待事物的認真、執著、聰慧、敏銳，在於淡然之中，透出明朗而又深沉悠遠的韻味，在於心中有一座儲量豐富的智慧礦藏；並且隨著時間的推移，不斷更新和積澱更厚的內涵，任歲月荏苒，亦能給人一種常新的美麗。

凡是品味出眾、舉止修養有水準的女人，其舉手投足均卓爾不凡，給人耳目一新的感覺。那些走入氣質門檻的女人，她們有了悟性，堆積了內涵，具有豐富感和空靈感，形成了丰姿綽約的氣質。

那麼如何做一個氣質女人呢？

★ **氣質女人要會裝扮自己**：雖然一個女人是否有氣質，並不是看她的臉蛋長得美醜，但女人的氣質，是離不開外表的。一個女人無論她的內

涵多麼豐厚，知識多麼充實，首先這個女人展現在別人面前的，依然是她的外表。所以，女人必須要懂得裝扮自己，要明白自己的外表類型，知道自己容貌方面的長處和不足，從而打造適合自己的妝容，穿得體的衣服，並且懂得在什麼場合下搭配什麼樣的服飾。這種種都是一個氣質女人所必須具備的最基本的涵養。

★ **氣質女人要學會高貴**：女人的高貴，並非指一定要出身豪門，或者本身所處的地位如何顯赫，這裡的高貴是指心態上的高貴。在法國作家小仲馬的《茶花女》中，主人愛上了女僕，雖然女僕不是豪門出身，沒有顯赫的家世，但在女僕身上，具有一種高貴而又有女人味的氣質。她不媚俗、不盲從、不虛華，這種心態，是很多名門女性身上所沒有的。因此，這種高貴的心態，更能博得一個男人的欣賞，也更能使自己取得成功。

★ **氣質女人要吸收和掌握社交基本禮節**：社交活動最能體現現代女性的修養。坐姿站樣，說話的語氣和聲調，握手的方式，眼睛看人的神態，在參加重大會議時就餐落座、飲酒端杯、化妝服飾、香水、隨身物件……所有的這些都體現出女人的修養、品味與氣質。

★ **氣質女人要有自己的優雅格調**：優雅格調是一種無形的東西，它能深入人的心靈，讓人久久難忘。具有優雅格調的女人，更會給人帶來一種風韻之感，使人舉止大方、坦誠率直、不扭捏、不做作。這樣的女性，總是善於恰如其分地表達出自身的風韻情致，而絲毫沒有炫耀、美化自己的意思，同時她們也不嫉妒別人、貶低別人。對任何事情，都抱以一種泰然處之的態度。這樣的女人更有風度，也更有氣質。

★ **氣質女人會享受生活**：懂得享受的女人，會發現生活中的美好。一個行色匆匆、精神疲憊的女人，不能稱之為美麗的女人，更不可能稱之

為有氣質的女人。女人享受生活，享受工作，享受美食和睡眠，享受期盼的那個微笑和眼神等等，這樣的女人，才可稱得上是一個聰明的女人，這樣的女人，生活才永遠是有意思的。一個懂得享受的女人，才更會懂得生活，才會在生活中散發出一種氣質。

靳羽西女士曾經說過：「氣質與修養不是名人的專利，它是屬於每一個人的。氣質和修養也不是和金錢、權勢連繫在一起的，無論妳從事何種職業、任何年齡，哪怕妳是這個社會中最普通的一員，妳也可以擁有獨特的氣質和修養。」所以說，氣質是任何女性都可擁有的，它並沒有貧賤貴富之分，只要妳身體力行，那麼妳就會成為氣質的寵兒，就會在眾人面前展示出妳的氣質魅力，成為女人中的「極品」。

● 與其留住青春，不如裝扮面貌

有位著名美容專家有一句名言：「世界上沒有難看的女人，只有不懂得如何把自己打扮得得體的女人。」

任何一位女性，只要坐到化妝臺前，就可以成為一位「藝術家」──完善自己面部形象的藝術家。正如古希臘哲學家亞里斯多德所說：「藝術就是用來彌補自然之不足。」然而，這種藝術又與真正的藝術家們進行的創作不盡相同。因為人的臉龐生來就已經有了一個雛形，「藝術家」們只能在這個雛形的基礎上進行加工，精雕細琢，最後畫上幾筆，造成畫龍點睛的作用。如果我們仔細端詳一位公認非常漂亮的女性，就會發現她並不是完美無缺的，只不過是透過化妝突顯了自己的優點，掩飾了某些不足而已。

可見，通常好的妝容所表達的美，是可以超越本體的。相反，不好的

化妝有損女性的美感 —— 視覺、品味和涵養的美感。我們可以這麼說，愛化妝的女人是積極的女人，會化妝的女人是得體的女人。

化妝的女人中，有漂亮的，也有不漂亮的

因為，不漂亮的女人，想透過化妝變得漂亮；而漂亮的女人生怕美麗稍縱即逝，更希望透過化妝使美麗永駐。所以，化妝的結果是否漂亮，不是最重要的，重要的是化妝女性的心態。

一個女子早上起床，出門前要仔細審視自己鏡中的形象，一絲不苟地用化妝掩飾她認為不漂亮的地方，努力地把自己裝扮得光彩奪目，這樣的女子，時刻想到有人在關注自己，特別是男性的目光。所以，她不管是坐著還是站著，都會刻意昂首挺胸。也許她的臉並沒有因為化妝而漂亮，但她的體型卻多半因為這種行為而好一些。因此，化妝的最大好處是可以防止女性懶散邋遢。

相反，一個從不化妝的女性，出門或與朋友見面前都只是匆匆洗把臉了事，無論她的工作多麼出色，才華如何洋溢，但作為女人，她多半很少得到男性熱情的目光。即使有異性投來讚賞的目光，那也多半因為她的才能、她的業績。儘管她不難看，但她的那種隨意、放鬆，使整個體態上處於懶懶散散的狀態，總比那些化妝的女人少些「精神」。

正所謂「三分長相，七分打扮」

容貌雖是天生的，但美麗卻可以透過後天打扮出來。化妝就像一種優美的藝術，掌握了它，就能讓人變得更美。因此，妳必須明白，化妝的目的是提升妳的自然美，是最大極限地讓妳的容貌變得更美，同時淡化那些不足之處。化妝應該輕描淡寫地完成，把妳的美麗展現出來。

　　工作後第一份薪水剛入帳，王梅就直奔某購物中心化妝品櫃臺。那裡面各種包裝精美的高檔化妝品，自從學生時代起就是王梅的夢想，她覺得，那些價格昂貴的化妝品擦在臉上，一定會讓自己變得更加美麗動人。

　　一瓶粉底液，一支睫毛膏，一支口紅……薪水基本上被花得所剩無幾，可是等到王梅在鏡子前折騰了半天，卻發覺鏡子裡的自己，並沒有讓人眼睛一亮的感覺，只不過是比以前稍微變白了一點點而已。

　　怎麼會這樣呢？她完全是按照以前從網頁上所收集的化妝步驟一步步來的啊！為什麼別人化完妝後會給人眼睛一亮的感覺，自己卻是原來的樣子。後來，經一同事提醒，王梅才找到了自己化妝失敗的原因。

　　「化妝並不在於流行什麼，而在於妳適合什麼，妳要根據自己的臉部特徵找到適合自己的妝容。」經這一提醒，王梅專門找了一位私人彩妝師學習化妝。經過系統性的學習之後她才知道，如果眉毛正確的起始點和高度、角度找不準，即便是唇線描得再好，眼影勻得再精緻，都不會給人順眼的感覺。

化妝最難的不是技巧，而是審美眼光

　　就算妳能任意描繪出各式各樣非常精美的眉毛，能勻抹出具有專業技巧的眼影，但如果妳的審美有問題，整體妝容就會顯得粗俗 —— 既不美，也談不上有品味。

　　當然了，每個人都有自己的審美觀，但總和來說，化妝應該使一個人表現出自己最美的一面。打造完美的面部妝容，其奧妙就在於：它不是把人的形象掩蓋起來，不是給自己塑造一副假面具，而是要力求做到：看上去自然的同時，更能表現出自我的優點。只有這樣的妝容，才能真實地反映自己、表現自己，並體現自己獨特的風格。

化妝是為了修飾得更美

化妝，就是為了要修飾得更美，讓自己更漂亮。一般只要突顯臉上兩個部位就可以了：眼睛和唇、眼睛和腮骨或者腮骨和唇。不然，就像馬戲團的小丑了。

關於化妝的技巧因人而異，有的人能夠化妝化得很好看，而有的人則不行。就像有的人能夠做出很美味的菜，而有的人只能讓大家吃「不得不吃的飯」。怎麼辦？練習、練習再練習！

眼部化妝是為了使眼睛更加傳神

女人的眼睛是一道亮麗的風景，令我們的世界剛柔並濟、更加絢麗。那一個個的眼神，每一絲眼光所著落的地方都是意味深遠，耐人尋味。「顧盼生輝」、「望穿秋水」這些生動的詞語就是為女性的眼睛而造的，可見女人的眼睛是多麼偉大。

眼部化妝是為了使眼睛變得突出明亮，且有活力，更加傳神。所以，化出一雙閃亮的大眼睛就是我們的目標。

★ **單眼皮化妝法**：眼影畫法。不要把眼影色彩只塗在眼皮的邊緣，應塗在眉眼之間。眼睛外角處可以用稍深的色調加重，並由眼尾開始來回塗抹數次，使色彩均勻。用眼影刷將色彩塗在眉下至眼上的區域，並將色彩刷自然。

★ **眼線畫法**：單眼皮的眼睛看起來較小，因此畫眼線時要畫粗且濃，使眼睛顯得自然而大。畫至眼尾時可使眼線往上翹，會有明亮的感覺。

★ **美化睫毛**：先用睫毛夾夾彎睫毛，再用睫毛膏由上睫毛開始刷，切勿刷得黏在一塊，若須假睫毛，則選用較長的。

★ **雙眼皮化妝法**：塗眼影以薄為宜。上眼影時，最初的一筆通常最重要，不妨從眼尾畫起，且必須來回多刷幾次，才能使色彩勻而自然。

★ **畫出雙眼皮的重點**：一次取少量的眼影粉且須來回輕塗，在下眼瞼部分，應注意別塗得太厚，以免有黑眼圈的感覺。

★ **眼影刷的使用**：上完眼影之後，應使用眼影刷大範圍地掃開色澤，由眉下至眼線之間，淡掃去多餘的影粉，使眼影的色彩更顯透明自然。

★ **眼線畫法**：沿著睫毛生長方向細細地畫，應使用水溶性的眼線液，下眼瞼由眼尾向前，描至距離眼頭 1/3 處停止。

★ **棉花棒的修飾**：畫眼線時容易產生岔出的問題，在乾掉之前，可使用棉花棒輕塗掉，但不可太過用力，免得將畫好的眼線完全擦掉。

★ **刷睫毛**：先刷上睫毛，再刷下睫毛，從睫毛生長處開始仔細刷上色彩，再利用睫毛刷前端左右來回刷即可。

化妝讓鼻子高挑挺拔起來

很多人都希望自己的鼻子挺拔，鼻子一挺拔，眼睛也會顯得有神。根據不同鼻型的化妝方法，也可分為以下幾種：

★ **低陷的鼻子**：先在整個面部塗上粉底霜，從鼻根到眉頭抹深棕色眼影，由眉毛向鼻子兩側打一些陰影，然後在兩眉之間的鼻梁上抹一道亮色眼影，再盡量向兩側暈開，使陰影和亮色形成鮮明的對比，再照一下鏡子，發現了嗎？低陷的鼻梁凸起來了。

★ **較長的鼻子**：有時候臉型比較長的人，鼻子也會比較長些。要縮短鼻子，就要降低眉頭的高度，這樣就可以使鼻根相對偏低了。所以，我們化妝的重點就在眉毛上，在畫眉毛的時候，眉頭要加畫幾筆，或在

眉頭下塗上與鼻影顏色相近的眼影。鼻影的顏色比眼影稍微淡一些，
注意不要延伸到鼻翼。

★ **短鼻子**：短鼻子往往會顯得臉有些臃腫，臉臃腫了，整個人看起來會
感覺比較肥胖。在鼻側影塗上比較深些的顏色，鼻梁上塗一條窄窄的
亮色，這樣就可以使鼻子看起來比較長些；另外，和長鼻子正好相
反，在畫眉的時候，把眉頭稍稍向上抬，將鼻側影從眉尖塗至鼻翼部
位，也可以產生同樣的效果。

★ **鼻翼較大**：有人說大鼻翼的人是有福氣的，可是有福氣並不是美的象
徵，修正方法是在兩鼻翼部位塗上深色粉底。用粉底來修正鼻子，讓
鼻子顯得挺直而有立體感，但鼻影的深淺不要太分明，以免使人看出
有明顯的分界線。

★ **鼻子窄小**：窄小鼻配上小臉小眼睛會顯得比較可愛，但是如果在一張
寬大的臉上，就會顯得不太諧調了，一張不很諧調的臉看起來不會很舒
服。可以用接近膚色的肉色眼影，加少量的白色和黃色眼影後塗在鼻翼
上。鼻梁不要塗得太寬太亮，否則鼻翼沒有顯大，反而顯得更小了。

讓妳的唇看起來更性感

「唇不點自絳，眉不染自清」，那一顰一笑的流轉，美輪美奐，是多
少年來女人們夢寐以求的。美學家認為唇是女人臉上最性感的部位，它的
狀況和紋理決定了嘴唇的形狀和魅力。所以，滋潤性感的紅唇，叩響並開
啟了無數女人的心靈之門，也牽動著男人無限的遐想。

嘴唇是非常複雜的立體部位，用一種顏色，去表現那看起來簡單可是
又很複雜的地方，其實是很勉強的。而且關鍵是在面對姹紫嫣紅、色彩繽
紛的口紅時，哪一種才是適合自己，並且能夠彰顯出自身麗質的顏色呢？

這還要綜合考慮一下自身條件與外在因素，不同氣質的人適合不同的
唇色。

★ **清純可愛型**：選擇以粉彩為主的淡雅色系，如珍珠粉紅、粉橘、粉紫
等顏色，能夠很好地顯露少女的純情與活潑，不適合用濃豔和強烈的
色彩，不然走在路上，很容易讓人家誤會妳是一個誤入歧途的無知少
女。所以少女還是要選擇比較適合自己的、表現純真活潑、盡量淡些
的顏色。

★ **高雅秀麗型**：選擇玫瑰紅、紫紅或棕褐色的唇彩，成熟柔美中又能給
人一種知性、優雅的高貴感覺。

★ **豔麗妖媚型**：選擇大紅、深莓、熏紫的唇色，冷豔剔透，散發熱情性
感的魅力。往往塗這些比較豔的顏色的女性都是比較妖豔的，很容易
讓男人想入非非，或是被人以為是「公關小姐」。但對於演員來說，
那是舞臺上的需要，屬於例外。所以我們在選口紅的時候，要根據自
己的氣質、身分來選，不然惹來一些不必要的麻煩，那就不能說是口
紅的錯了。

● 優雅讓女人更具神韻

女人的優雅是什麼？優雅是一種內在氣質，一種風度，也是一個人獨
特的風格，更是一種對待生活的態度。它是不經意間一種淡定的沉思，驀
然間一個善意的眼神，回首時一臉淺酌的笑容。

女人的優雅是一種由內而外散發的迷人味道，舉手投足間，顯露著成
熟女人曼妙的氣息。優雅不是先天的，它是游離於人體表面的一種氣息。
一位優雅的女人，心靜如水，彈指間儘是芳華，這是歲月的砥礪，孕育出

的由內及外的氣質。幽雅的女人有一點含蓄，安靜得如同處子，迴環往復的是一顆優雅的心。

優雅的女人，可以沒有驚豔的容貌，但不能沒有清新淡雅的妝容；可以沒有模特兒的體型，但不能沒有勻稱的身材；可以沒有優越家境的薰陶，但絕對不能沒有閒適恬淡的處世態度，不能沒有忍耐、理解和寬容。

優雅的女人，懂得如何表現自己，成熟、優秀、文雅、嫻靜，各種氣質與品味，都可以在舉手投足間得到最好的體現。優雅的女人是同類中的尤物，讓女人們欣賞，讓男人們心儀。

世上最傾倒眾生的，不是女人青春的美麗，而是她們那如清風明月一樣的飄逸、如清水芙蓉一樣優雅的風度。她們優雅的風度像無形的精靈，悄悄潛入人們的心靈，即使她在不起眼的地方，悄無聲息地站立，人們也還會感受到她的一個眼神、一句話語、一個動作、一抹微笑散發出的優雅萬分。

優雅不是天生的，也不是誇誇其談幾個所謂的時尚代名詞就優雅了。優雅是一種氣質、一種堅持、一種時間的考驗。從一個女人優雅的舉止裡可以看到一種文化素養，讓人賞心悅目。

優雅，既是一種氣質，也是一種智慧；既是一種修養，也是一種特質，更是一種境界。優雅的風度，就像有形而又無形的精靈，緊緊奪取人們的感官，悄悄潛入人們的心靈，從而給人留下難以磨滅的印象。

優雅也許是一個迷人的微笑，一句貼心的話語，一個扶助的動作，一個相知的眼神；優雅也許是一種對生活的自信，一種積極樂觀的滿足，一種從容鎮定的安詳，一種謙遜善良的美德……總之，它是一種心靈深處自然萌生的感覺，親切溫暖讓人愉悅。不管面對怎樣的環境和挫折，它都能始終保持不變。

　　我們常會看到或者想到這樣的場景：豪華的住宅，裝飾非常講究，一個美麗的女人，慵懶地抱著純白色的名貴小狗，在客廳緩緩踱步……也許有人認為這是一種優雅，其實非然，那只是一種優裕地閒適，算不上優雅。

　　優雅的女人，可以略施粉黛，也可以素面朝；可以華衣美食，也可簞食壺漿；可以安居大廈，也可寄居茅舍；可以頤指千軍，也可舉案齊眉。優雅的女人外柔內剛、剛柔並濟，優雅的女人不媚俗、不浮華、不盲從。她總是能帶給男人生活的勇氣和信心，淨化男人的心靈，激勵男人的鬥志。

　　一位優雅的女人不是上天的恩賜，而是歷練的結果。優雅是外在美和內在美的統一，是內在的各種綜合特質滲透到外表，而顯示出來的一種高貴的氣質，一種無以言說的翩翩風度。這種風度是一個人的文化修養、審美觀念和精神世界凝成的晶體，它能折射出最富於理性、最富於感染性的光輝。

　　有的女人故作姿態，擺出一副優雅的架子，這種美只會猶如鏡中花、水中月，隨歲月無痕，隨姣容消融。只會讓男人和她產生一種遙不可及的距離感。優雅女人的魅力在於氣質、情操、心靈以及成熟的美，這樣的美像陳年老酒，越久越醇，香飄萬里。

　　優雅的女性是知識的女性：她愛好文學，並具有一定的鑒賞力；她欣賞音樂，並能從樂曲中領悟出美好的意境；她喜歡美術，並用色彩感裝扮著自己和自己的生活；她品味時尚，有一定的創新力；她喜歡自然和動物，富有生命力……。

　　優雅的女人似茶，清逸淡雅，讓人回味無窮；優雅的女人似書，文墨飄香，讓人百讀不厭。

● 迷人絲巾，展現頸部的萬種風情

伊麗莎白‧泰勒（Elizabeth Taylor）說：「不繫絲巾的女人是最沒有前途的女人。」奧黛麗‧赫本（Audrey Hepburn）說：「當我戴上絲巾的時候，我從沒有那樣明確地感受到我是一個女人，美麗的女人。」

女人的頸間風情離不開絲巾。甚至有男人說，如果有一樣飾物，是使女人更顯女人味的話，一定是首推絲巾。他們的理由是，當女人端坐辦公室時，絲巾呈現的美是靜中取動；當女人在街頭款款而行時，絲巾呈現的美是動中取靜。一個美麗如花的女人，就像一條風情萬種的絲巾，兼具莊諧兩種美。仔細想想，蠻有道理的。有時，我們在某公共場所，看某女子留清湯掛面髮，穿布衣素服，整個人的服裝簡單得不能再簡單，但妳從第一眼開始，就感覺她是一個活潑美麗的女人。究其原因，就是因為她戴了一小小的絲巾！絲巾在這裡作為女人的一件配件，實際上就是一種美麗的身體語言。

今天，絲巾在時尚飾品中，燃起了勢不可當的熊熊之火，不管是大方巾、小方巾、長方巾或三角巾，都成為最實用的搭配單品。而在 1960 與 1970 年代所流行的幾何圖案，竟然成為 21 世紀的潮流，各大設計師都不約而同地應用在各款服飾上，同時亦都應用在絲巾上。

女人可以依照自己的品味、服裝與風格，肆意變化，打破傳統侷限，讓絲巾搖身一變，成為「頭巾」、「腰帶」、「領巾」等配件。甚至可以依照整體的裝扮，讓絲巾成為妳衣櫃中缺少的那件衣服，使絲巾的變化，成為服裝中最誘人的想像。

作為一名公關經理的徐靜，是一個愛美女人。愛美的她，對絲巾情有獨鍾，她的絲巾放滿好幾個抽屜。每次打扮時，她總是變化著不同的繫法。上

次隨意繫了個結，這次在打結前還來個左纏右繞。絲巾一經纏繞，便有種魔術般的魅力，色彩無章法地翻扭，是絲巾系在胸前最炫的一種效果。

有一次，徐靜穿了一身黑，上下顯得過於規矩，她就選了一條長型黑色、有醒目白色圖案的絲巾。她把絲巾在脖子上繞了兩圈，然後讓它自然隨意地飄逸在胸前，隨身體的運動自由飄動。白色圖案顯眼，黑色莊重，整體效果顯得既時尚又有女人味。

為了搭配的方便，她還為自己準備了三條純色的絲巾：紅、黑、白，在需要的時候，它們就會造成畫龍點睛的作用。

絲巾就是這樣，會讓一身平庸的打扮頓生光彩，也會讓原有的光彩再錦上添花。做個絲巾美人特別划算，有時就是花最少的錢，馬上顯出最意想不到的效果。

絲巾具有極強的創造力。在與各色服裝搭配時，稍加變換，就能為女人帶來或溫柔優雅，或精緻華麗，或中性帥氣，或天真浪漫等不同氣質，盡顯無限風情。看似微不足道的小小絲巾，一旦飛舞在妳的頸間，便具有了打動人心的魔力。

一條條美麗絢爛的絲巾，彷彿一朵朵盛開的鮮花，又似一個個溫婉清麗的女人，飄出千種風情，揚出萬種溫柔。絲巾的美與情趣，和女人的生命一樣多姿多彩。

絲巾不僅是女人的一種美麗故事，更是一件有實際用途的重要配件，可以在特殊的、緊急的場合，改變服裝的含義和精神。我們可以透過不同的絲巾、不同的繫法，使尋常衣物變得不同尋常。

最傳統、最常見的絲巾用法，是在胸前結成各種款式和花樣，也有人以三角形披在肩上，更有人喜歡折成細條綁於頸間，甚至有人把柔軟的絲巾當帽子、腰帶。

這更充分展示了絲巾的可創造性，折疊之間萬變萬化，魔力變幻。但可創造不等於亂創造。在搭配絲巾與服裝時，我們要注意以下幾個重點問題：

★ **注意絲巾的顏色與衣服搭配**：通常，衣服與絲巾的色彩搭配，盡量要在同色系範圍內，體現全身的整體一致性。也可以採用對比色搭配法，如紫色配黃色、黑色配紅色等，雖然非同色系，但若搭配得當，也會有意想不到的驚喜效果。

★ **注意絲巾的印花與衣服搭配**：素色衣服用印花絲巾搭配也是一種不錯的方法，可體現知性、典雅、端莊的整體風格，還能增加服裝的活力與時代感。同時，絲巾優質的特性，也可提高服裝的檔次和品味。

不過，這種搭配方法要注意，絲巾上，至少要有一個顏色和服裝的顏色相同，以達到與整體呼應和協調的作用。

★ **注意印花的方向**：當服裝與絲巾上都有印花時，比較難搭配。這時我們要注意，服裝上的印花與絲巾上的印花，一定要有主次之分。通常以絲巾的印花為主，服裝的印花為輔。另外，如果服裝和絲巾的印花方向相反，最好不要搭配在一起。有條紋和格子的絲巾搭配尤其如此。而簡單條紋或格子的衣服，比較適合無方向性的印花絲巾。

★ **當衣服的花色繁多時**：如果衣服本身花色繁多，就應該搭配素色絲巾。這時應挑選一款與衣服印花上最明顯的顏色相同的絲巾，或者選擇與之相反顏色的絲巾。

● 服裝彰顯女人的美麗主張

過去人們穿衣服，僅僅是為了防寒阻熱，保護身體。但是，今天衣服除了這一最重要的功能外，就是修飾外貌，展現美感。一個不修邊幅的女人給人邋遢的形象，一個著裝整潔清爽的女人總是給人精神飽滿的形象。所以說衣著打扮與女人的形象氣質連繫在一起，直接影響女人的印象分。

曾有人說，在人類文明的衣、食、住、行的最初形式之中，衣服是最富有創造性的。的確，衣服是人的第二皮膚。特別是對女性來說，無論是衣服的樣式還是製作，都要追求獨具匠心的創造，確定自己的穿衣風格，並透過這種創造，演繹出一種令人難忘的審美情感。

服飾也有個性

女人要學會用能表現自己獨特氣質的服飾來裝扮自己，使裝扮與自己相符，內在的氣質與外表相一致。比如，文靜偕清淡簡潔，活潑伴鮮明爽快，灑脫宜寬緩飄逸，高傲忌繁複的裝飾和柔和的暖色等等。妳一定有過這樣的經歷，穿上一身得體的衣服，心情會立刻好起來，頭不揚自起，胸不挺自高，步伐邁得比平時輕盈，人也特別有信心，好像天下沒有什麼辦不成的事。

其實，服裝打扮並不神祕，任何人只要肯花心思，都能掌握最基本的要訣。我們平常所講的「風度」，就是內在氣質與外在表現相互襯托、彼此輝映的結果。風格的形成越早越好，因為有了風格，妳的體態、容貌特徵才能與服飾規律性的結合，使妳的形象給人帶來無與倫比的貼切感。有風格還不怕老，因為越老風格越成熟、越突出。有風格一定會帶來自信。因為風格是個性的東西，別人可以羨慕，卻無法效仿，這樣，妳就可以成為時尚潮流中獨立的載體。

生活中，我們很少將風格與自身的特點及其穿衣方法連繫。因此，女人們才會面臨著無數的打扮煩惱：我該留什麼樣的髮型？穿哪種款式的衣服？戴多大的耳環？穿什麼樣的鞋子？為什麼今年流行的那款裙子我穿起來不對勁？妳會發現這些煩惱都來自一個問題，那就是我到底適合什麼。

我到底適合什麼？

要解決這個問題，唯一的辦法就是要穿衣協調。

所謂穿衣協調，是指一個人的穿著要與她的年齡、體型、職業和所處的場合吻合，表現出一種和諧，這樣能給人美感。

有位著名影星曾說：「我喜歡穿得自然、大方，在隨意中突顯青春美、體型美和氣質美。在顏色的選擇上喜歡紅、白、黑。對於服裝的款式，我追求簡潔、明快、合體。我的衣服從來沒有多餘的裝飾，因為我認為自己不需要用衣服來掩飾什麼。我也不會去追什麼時髦，只會選讓自己有感覺的服裝。化妝其實是一種禮貌，但應該自然。我對美的標準是自然、健康。」

很多時候，也許女人們並沒有驚人的美麗，但她們穿出了獨特的個性，超凡脫俗的魅力。生活中，有的人無論穿什麼樣的名貴高檔時裝，總讓人覺得俗不可耐，然而有的人，哪怕是穿再簡單素雅的衣服，也能顯現一種迷人的、超凡脫俗的美麗。穿衣者的文化素養、氣質風格，與對服裝的選擇、搭配與衣服含義產生的服裝氣質不同是這種差異的關鍵。

服裝氣質，是由服裝的色彩、款式、質地和穿衣者的文化素養、精神氣質、穿著方式、穿衣環境等多種因素，在交流與統一中，表現出來的一種由服裝意境、韻味組成的狀態美。

★ **穿著要和年齡相協調**：不管年輕人還是老年人，都有權利打扮自己，但是在打扮時要注意，不同年齡的人有不同的穿著要求。年輕人應穿得鮮豔、活潑、隨意一些，這樣可以充分體現出年輕人的朝氣和蓬勃向上的青春之美。而中老年人的穿著則要注意莊重、雅緻、整潔，體現出成熟和穩重，透出那種年輕人所沒有的成熟美。因此，無論妳是年輕、中年，還是老年，只要妳的穿著與年齡相協調，那麼都會使妳顯出獨特的美來。

★ **穿著要和體型相協調**：人的身材有高有矮、體型有胖有瘦、膚色有深有淺，穿著應考慮到這些差異，揚長避短。一般來說，身高較高的人，上衣應適當加長，配以低圓領或寬大而蓬鬆的袖子，寬大的裙子、襯衫，這樣能給人「矮」的感覺，衣服顏色上，最好選擇深色、單色或柔和的顏色；身高較矮的人，不宜穿大花圖案或寬格條紋的服裝，最好選擇淺色的套裝，上衣應稍短一些，使腿比上身突出，服裝款式以簡單直線為宜，上衣顏色應保持一致；體型較胖的人應選擇小花紋、直條紋的衣料，最好是冷色調，以達到顯「瘦」的效果。在款式上，肥胖者要力求簡潔，中腰略收，後背扎一中縫為佳，不宜採用關門領，以「V」形領為最佳；體型較瘦的人應選擇色彩鮮明、大花樣以及方格、橫格的衣料，給人寬闊、健壯的視覺效果。在款式上，瘦的人應當選擇尺寸寬大，上下分割花紋、有變化的、較複雜的、質地不太軟的衣服。切忌穿緊身衣褲，也不要穿深色的衣服。另外，膚色較深的人穿淺色服裝，會獲得健美的色彩效果，膚色較白的穿深色服裝，更能顯出皮膚的細潔柔嫩。

★ **穿著要和職業相協調**：穿著除了要和身材、體型協調之外，還要與職業相協調。這一點非常重要，不同的職業有不同的穿著要求。例如，

教師、上班族一般要穿著得莊重一些，不要打扮得過於妖豔，服裝款式也不要過於怪異，這樣可以給人留下一個良好的印象；醫生穿著要力求顯得穩重和富有經驗，一般不宜穿著過於時髦給人輕浮的感覺，這樣不利於對病人進行治療；青少年學生穿著要樸實、大方、整潔，不要過於成人化；而演員、藝術家則可以根據她們的職業特點，穿著時尚一些。

★ **穿著要和環境相協調**：穿著還要與自己所處的環境相協調。辦公室是一個很嚴肅的地方，因此在穿著上要整齊、莊重；外出旅遊穿著應該以輕裝為宜，力求寬鬆、舒服，方便運動；平日居家可以穿著隨便一點，但如果有客人來訪，應請客人稍坐，自己立即穿著整齊。如果只穿內衣、內褲來接待客人，那就顯得失禮了。除此以外，在一些較為特殊的場合，還有一些專門的穿著要求。

可見，女人之所以魅力四射，一方面在於她們本身很有能力，另一方面在很大程度上，還得益於善於用衣服包裝自己。

因此，雖然穿著只是女人生活中的一個細節問題，但它的作用卻不能忽視。一個女人應該把穿著看得像洗臉一樣重要，任何一個細節的忽略都有可能損壞妳的形象。相反，如果能夠根據不同的場合以及本人的氣質、外型進行恰當的修飾，去蕪存菁、揚長避短，就能穿出自己的氣質和魅力，提升自己的氣場。

● 打扮自己，做一個幸福女人

在科學技術不發達的時代，人們對女人美麗與否的評判標準，是其自然成長的外在容貌，一個女人是美女還是醜小鴨，人們第一眼就可以分辨

出來。然而隨著現代科學技術的發展，自然生成的外在容貌，已經無法成為判斷一個現代女性美麗與否的唯一標準。任何一個女人都可以從醜小鴨變成美麗的白天鵝，只要她懂得精心打扮自己。

　　劉麗和金雪是國中時的同學，那時的劉麗是同學眼中的花仙子，男生魂牽夢縈的「夢中情人」，而坐在劉麗旁邊的金雪則恰恰是「以醜襯美」的典型代表。金雪圓乎乎的小臉蛋，胖嘟嘟的小嬌唇，一雙烏溜溜的大眼睛靈活地眨著，男生們見了她總會哄然大笑地打趣說：「小胖妞，今天又帶什麼好吃的啦？」金雪便會難為情地別過臉去，彆扭地回答：「哼，要你管！」

　　時光飛逝，一轉眼 10 多年過去了，昔日的「小胖妞」已經成長成亭亭玉立的大女孩，在臺北的一家大型企業擔任高階翻譯。優雅得體的打扮、溫文爾雅的談吐，為她贏得了無數的鮮花和掌聲，還有一大批「慕名而來」的追求者們。春節時，多年未見的國中同學在一起聚會，當劉麗和金雪出現在眾人面前時，大家都毫無準備地「大破眼鏡」。驚嘆的是當年小胖妞今日變淑女，當年的花仙子今日卻……唉，這究竟是「女大十八變」還是「歲月催人老」？

　　原來，劉麗國中畢業後，念了幾年專科就結婚了。每天早出晚歸，勞累之中便失去了打扮的興致，長長的頭髮隨意用橡皮筋綁在後面，皮膚整天在外蒙上髒汙也顧不得清一清，早上匆匆洗把臉就出門，晚上簡單地擦一擦就算了。長久下來，美麗的容貌也就這樣被「摧殘」了。而金雪就不一樣了，考上大學後，她意識到外表是女人的「重要課題」。她開始減肥，每天做大量的運動，並控制飲食；同時，她還注重保養皮膚，每天洗臉、護膚執行得一絲不苟。考慮到「面子」在事業人生中的重要性，她還專門「進修」了一下美容課程，一到重要場合，必定精雕細琢，「閃

亮」登場。當然，想要擁有整體的和諧，服裝也是重頭戲，金雪在這方面也花了不少心血，平時逛購物中心、跑市場，買時尚雜誌潛心鑽研。其中的艱辛不用說，光是衣物的保養也占用了大量時間，但金雪堅持下來了。精益求精讓她的品味與技巧越來越高，透過長年的「更新換代」，如今的金雪，大街上的回頭率是「200％」。這並不是因為金雪天生麗質，而是她懂得如何揚長避短，在勤勉地打扮保養中，找到了最能彰顯自己魅力的方式。

金雪透過自己的努力，實現了從「醜小鴨」到「白天鵝」的蛻變，生活中像她這樣的女人還有很多很多。我們常看電視上的明星光鮮亮麗，國色天香，這其中不少人卸了妝就和普通人一樣，有的人甚至連普通人都比不上，但她們為何能「鶴立雞群」、「豔冠群芳」呢？答案是「沒有醜陋的女人，只有懶惰的女人」。

女人要追求美，就要付出代價，不是要妳「一擲千金」地整型、購物，而是要在平時的各個細節上，重視自己的形象，學會「妝」點自己。否則，痛苦的是妳自己。

曾看過侍候公婆、養育孩子的婦女，到頭來卻被外出求學、經商，有了學歷和地位的丈夫拋棄了……。

我們不能不為之深思：難道他們當初不相愛嗎？當然愛。男人的信誓旦旦是假的嗎？也不是。當時心裡確實是那麼想的，但事過境遷，在環境的改變下，愛情早已不復存在。即使還存有感激之心，在新生活的誘惑下，那也是極其脆弱的。除非妻子歷經歲月磨難，仍然年輕漂亮，體型保持完美，學識氣質倍增，沒有在苦日子中熬出的「黃臉婆」之相。因為丈夫成功後，不再需要吃苦耐勞、蓬頭垢面的妻子，而是需要必要時替他出面周旋張羅、助他一臂之力和要模樣有模樣、要學識有學識的女人。

　　明白了這一點，女人就得替自己想辦法，用不著因賢惠為他犧牲了一切。要有點「自我意識」，為自己保留一分面貌和體型，更要提高自己的知識技能。要立足於世，離開了他妳也能生活。千萬不要無條件地奉獻全部，要為自己留出一些時間和空間，做點自己該做的事。要明白知識懸殊和境界不同，是幸福婚姻的最大絆腳石。

　　如果一味賢惠，整天蓬頭垢面地奉獻，有了好吃的給丈夫吃，有了好衣服給丈夫穿，自己能省就省，弄得憔悴不堪，滿臉皺紋，皮膚也沒有光澤，穿著也沒有氣質，自己都不珍愛自己，那怎麼贏得別人的愛呢？男人只要有學識，穿著老舊也無妨，照樣被人刮目相看。女人便不同，「人靠衣裳，馬靠鞍」，「三分長相，七分打扮」。所以，不論穿休閒裝還是職業裝，長裙還是短裙，都要上下搭配得體，才能讓人覺得順眼，讓人想多看妳幾眼，為什麼要蓬頭垢面糟蹋自己呢？

　　別被他落得太遠，有苦難也讓他分擔一些，而自己則要注意一點自己的姿色。洗完碗、拖完地後，往手上塗點護手霜，以防乾裂粗糙；粗茶淡飯也要營養均衡，不要使自己因為營養不良而衰老。以現在的物質條件，只要會安排，起碼的營養是能夠保證的。忽略點丈夫沒關係，耍點脾氣也沒關係，多花點錢也沒關係，但必須保持自己的漂亮和青春活力，必須常照鏡子，有愛美的意識。

　　曾有一位女性，在結婚前十分美麗，憑她的姿色也找了一個帥氣、有才能的男人，兩人如影隨形。婚後不久，她好吃懶做、不求上進的本性便暴露出來，不久，又因懷孕生孩子丟了工作，整天衣衫不整、頭髮蓬亂。為了給孩子餵奶方便，連胸罩也不戴，在別人面前也不忌諱，撩起衣服就餵，毫不難為情。因為嫌麻煩，更不穿絲襪和高跟鞋，而穿一雙已磨得很舊的拖鞋。而她的丈夫卻越來越帥，在公司當小主管，不知有多少漂亮的

女孩圍著轉。他們越來越顯得不相配。連周圍的老鄰居都為她捏一把冷汗，想提醒她注意一下自己的形象。可她不以為然，整天住在娘家，抱著孩子東遊西逛，好像生了孩子就可以理直氣壯地「糟蹋」自己了。她的丈夫心裡不痛快，經常找朋友喝酒訴苦，也不好說她如何，只說她不「柔情似水」了。心裡煩躁至極，他已不拿她當可愛的妻子，而只不過是兒子的媽而已，替他生孩子養孩子罷了。

因此，做女人的，不要以為結婚就意味著進了保險箱，打扮不打扮自己都無所謂。想要做一個幸福女人，首先要學會打扮自己，可以說，婚前打扮是為找一個好老公，婚後打扮是為了穩住老公的心。修飾是女人的特權，只有這樣，妳的丈夫、孩子才會以妳為榮。

俗話說，「清官難斷家務事」。家庭的糾紛，夫妻間的怨恨，有時是說不清道不明的。

人類之愛不完全在於實用，但求悅目，像一幅畫，一曲古樂。它即使不能用作吃穿，但人們還是愛看它，欣賞它。

第 8 堂課

展現知性美，提升幸福指數

　　「女子無才便是德」，是一種陳舊落伍的思想。對於現在的女性來說，沒有知識就意味著是睜眼的瞎子；沒有知識，就會目光如豆；沒有知識，妳的社會閱歷就會淺薄；沒有知識，妳就一事無成。所以，女人必須要有知識，有深厚的社會閱歷，擁有了這些東西，女人才能氣場強大，才能提升幸福指數。

● 女人就要常伴書香

　　書中歲月，流逝了不堪回首的往事，保存了生命的真摯和熱愛，她漸漸尋回人生的方向，懂得了平靜生活的珍貴，領悟到了平凡追求的難得。當苦難終於漸行漸遠，她也越來越美麗成熟

　　她從中悟到：書籍才是最忠誠、最智慧的朋友，書籍就是每個女人必備的「急救箱」。

　　女人最忠實的情人應該是書籍，把書作為自己進步的階梯，活到老學到老，才能一直保持自己的魅力，不與時代脫節。讀一本好的實用書，妳就能體會到書中的另一番情趣。當妳廣泛地閱讀書籍時，妳會有機會在不同的書中，找到心中疑惑的答案。

　　書不僅是精神糧食，也是把我們的「容器」變得更大的現實工具。這個「容器」有可能是指飯碗，也有可能是指我們包容人生的胸懷。

　　輕輕叩開文字的門扉，一張張白紙黑字的書頁，便會轉變成一面面鏡子：時而折射出魯迅先生在燈下執菸深思的側影；時而是孔明輕搖羽扇舌戰群雄的風采；時而是對人格平等不斷追求的《簡‧愛》；讀到飲彈自盡的少年維特，又聯想到堅信不會被打敗的捕魚老人……。

　　這一部部血淚交融的民族發展史在眼前展現，一個個叱吒風雲、指點江山的偉人從面前走過，一首首流傳千古、意境優美的詩歌，一則則幽默

風趣的寓言，一條條精悍深刻的格言警句，開拓了我們的思維，都會使我們的靈魂碰撞出智慧的火花。

女人如果放棄了讀書，放棄了學習，也就等於放棄了自己。如果妳想為將來做好準備，妳必須學習，必須讀書。正所謂：「腹有詩書氣自華！」

讀書之於魅力女人，更是一種秀外慧中的完美打造。

茹女士原為一家國家企業的員工，現在已經自己當了老闆。她認為，女人必須學習，不斷在精神上有所進取，容貌一般的女性明白自身的缺陷，所以應該特別注意發掘自己的個性美，注重內在氣質的培養和修練，借助讀書美容，是可以實現的。

茹女士原來的辦公室裡有三男兩女，除了她以外，還有一個女孩。那女孩長得確實很漂亮，她也因此占盡了便宜：若論能力，論業務，她樣樣不如茹女士，但一遇到漲薪水、升遷和休假的機會，樣樣都是她的。

面對這些不公平，茹女士沒有說什麼，她只是暗暗地讀書學習，報名參加了英語班、電腦班等，她很清楚自己的「硬體」不足，只有靠「軟體」來補了。

兩年後，茹女士從原公司辭職，進入另一家企業。在那裡，她從一名職員做起，一直做到總經理助理。在一次談判結束後，對方的老闆邀請她共進午餐。後來，那個老闆成了她的丈夫。他說那天她在談判中沉著冷靜、不卑不亢的態度、不凡的談吐以及優雅的舉止深深地吸引了他，當時他覺得她是最美的女人……。

茹女士的「美」，無疑是多年讀書賦予的，可見讀書可以讓女人美麗，也可以讓女人幸福。茹女士的經歷留給女人們一個啟示：今天的女性美，已經遠離過去的煩瑣和豔麗，而向著簡單和個性化轉移了，用文化造

就自己，用文化裝扮自己，比眼花繚亂的服飾和化妝更有內涵。

　　書是改變一個人最有效的力量之一。它能夠影響人的心靈，而人的心靈和人的氣質又是相通的。所以，一個女人想要把自己打扮得可愛、漂亮或者具有吸引力，那就去讀書吧。

　　經常讀書的女人，一眼就能從人群中分辨出來。特別是在為人處世上也會顯得從容、得體。有人描述，經常讀書的女人不會亂說話，言必有據，每一個結論會透過合理的推導得出，而不是人云亦云，信口雌黃。

　　經常讀書的女人，做事會思考，知道怎麼才能想出辦法。她們智商比較高，能把無序而紛亂的世界理出頭緒，抓住根本和要害，從而提出解決問題的方法。她們做的每一步都是深思熟慮過的，絕不盲目。這些都是平時缺乏讀書的女人所欠缺的。

　　愛讀書的女人很美，愛讀書的女人美得別緻。她不是鮮花，不是美酒，她只是一杯散發著幽幽香氣的淡淡清茶。即使不施脂粉，也顯得神采奕奕、風度翩翩、瀟灑自如、丰姿綽約、秀外慧中。

　　讀書的女人把大多數時間用在讀書上，讀書對於她，是一種生命元素，是一種生存方式。與金玉其外，敗絮其中的某些漂亮女人相比，她是懂得保持生命內在美麗的智者。

　　書讓女人變得聰慧，變得堅韌，變得成熟。書使女人了解：包裝外表固然重要，而更重要的是心靈的滋潤。

　　知識是永恆的美容佳品，書是女人氣質的華美外衣，會讓女人永遠美麗。羅曼・羅蘭（Romain Rolland）說：「和書籍生活在一起，永遠不會嘆息。」

● 美麗讓男人停下，智慧讓男人留下

自古流傳著這樣一句話：「愛江山，更愛美人。」的確，長久以來，在人們的心目當中，英雄和美女就是絕佳的配對。然而在現今社會中，我們重新審視這句話，很多男性朋友也會對此產生不同的看法，曾有位朋友這樣說過：「年輕的女人，像一本色彩絢麗的時尚畫冊，雖養眼，但只看一遍便足夠；有智慧的女人，則像一本內涵豐富的精裝書，讓人看過了還想看。」的確，美女即使非常養眼，但也像培根說的那樣「美貌好比夏日的水果容易腐爛」，而智慧型的女人卻會隨著歲月的沉澱而更加豐厚。

李薇今年 28 歲了，有事沒事喜歡在網路上聊天。有一次，她的一個朋友告訴她，老公有了外遇。李薇很同情她，不斷安慰她，同時心想，這樣的事永遠不會發生在自己的身上。

一次，李薇下班後路過一家咖啡廳，令她不敢相信的是，老公正在和一個女子邊聊天邊喝咖啡。她氣極了，立即想衝過去，大罵他們一頓，然後提出離婚。可是，她轉念一想，這樣會不會太衝動了，萬一他們是一般的朋友關係，只是在聊工作呢？怎麼辦？李薇想了想，走到服務臺，把帳結了。她想提醒下老公，也給自己一個機會。

回到家後，她一直等老公回來。老公進門後，她裝作不經意地問：「今天怎麼回來這麼晚？」

「和一個朋友到咖啡廳聊了聊。」老公笑著回答道。

「怎麼這麼高興，是不是有人幫你結帳啊？」

老公恍然大悟，說：「原來是妳結的帳啊，妳到過那裡？那個人其實以前喜歡過我，明天要出國了，今天要請我喝咖啡道個別。我怕妳誤會，所以沒有提前告訴妳。」

李薇笑著說：「我知道，沒什麼，應該的。我們吃飯吧，我餓壞了。」李薇很為自己的做法而慶幸，一場家庭戰爭，因她的智慧而避免了。

智慧是一個魅力女性不可或缺的養分。缺少了智慧，賢淑便無從談起，更談不上什麼魅力了。一般人認為，一個女人是否有智慧，在很大程度上取決於一個女人社會價值的大小。但智慧並不是與生俱來的，學識、閱歷並善於吸取經驗教訓，會使一個女人迅速成熟起來。

總之，豐富自己的內涵，不斷學習，掌握各種技能，提高自己的生活品味，讓妳的人生充滿智慧，就能使自我的社交能力不斷的增加，從而獲得屬於自己的幸福。

● 運氣是會用光的，但才氣不會

一個有才華的女人，必定是一個心靈充滿智慧的女人。她情感更細膩，舉止更優雅，氣質更深沉。一個女人所能體會到的自由程度和對幸福的理解深度，與她對於人性認識的廣度與深度是成正比的。

女人擁有一副漂亮的外表，自然是值得慶幸的事，但是那並不代表女人就擁有了才華，提高了內涵。外表漂亮的確會吸引他人目光，占據了一種先天的優勢。但是，能否產生持久的魅力，是否值得他人去品味，就要打上一個問號了。

容貌的美與醜，絕不是衡量女人的唯一標準，如果單就這一點來評價女人可愛與否，未免有些武斷。有人可能會因此而迷茫，問：「什麼樣的女人最可愛呢？」當然是有才華的女人，因為才華可以為女人增添一張酷炫的王牌。女人缺少了才華，就如同一個有充足氣的氣球，外表看起來栩栩如生，可是，內心卻空無一物。漂亮的外表並不能代表一切，聰慧的女

人才是最可愛、最漂亮、最幸福的女人。

女人有才華才會有魅力，有才華的女人，能夠無視年齡對自己容貌的深入，即使鬢髮斑白，妳仍能感覺到她散發的魅力。她的魅力在於純樸，清水出芙蓉，天然去雕飾。在瞬息萬變的現代社會中，她會用自己的才華出現在變化的尖端，告訴眾人她是一個時尚的、內心浪漫、強調個性、淡泊明志、尊重別人、愛惜自己的幸福女人。

在發達的現代社會中，世界上不缺少美女，但缺少的是能夠讓人心癢的才女。所以，女性們更應做一個智慧型的女人。一個只會打扮自己的女人，她的生活是空虛的，她的人生底蘊是單薄的，唯有智慧才能賦予女性美麗，唯有智慧才會讓女人青春永駐，也唯有智慧才會讓女人的美麗產生質的內涵。

一個女人在擁有了豐富的文化知識之後，就會變得優秀。因為知識給了她底蘊，陶冶了她的情操，使她變得溫文儒雅。因而，她就有了一般女人所沒有的那種味道。

一個注重知識的女人，能夠感覺到書中妙不可言的樂趣。她對追求知識的興趣不是天生的，喜愛閱讀的習慣也不是一成不變的，它會受到傳統、局勢、教育、職業、興趣或其他原因的影響，而改變自己所讀的書。所以，她總能一次次地沉溺在不同的領域，並把各種互不相關的知識混合到自己的思想當中 —— 妳用自己的方式去理解知識，知識也在悄悄地改變著妳的人生。

所以，今日的女性，應該遠離過去那種一味的繁瑣和豔麗，要懂得讓自己向著簡單和個性改變，用文化造就自己，用文化打扮自己，這樣會比眼花繚亂的腐蝕和化妝更有深刻的美麗內涵，更能讓人賞心悅目，也更能氣場強大。

● 魅力女人要時時充電

現今社會，隨著競爭的日益激烈，隨時「充電」就顯得尤其重要。不恥下問絕對是美德，不要擔心向比自己年齡小的人請教會很丟臉。和不同年齡層的人接觸，才能了解各種訊息。很多父母抱怨兒女不和自己交流，反省一下就不難發現，孩子的思考領域、興趣愛好，妳了解嗎？他和妳說「超級王牌棒球隊」妳目瞪口呆，和妳談「即時動態」妳瞠目結舌，時間長了自然就不說了，對牛彈琴的事誰會去做？夫妻間的交流也如此，他看足球，妳沒興趣就當看帥哥，這樣兩人才能有更多的話題。

涉獵知識最忌單一，只要不是特別牴觸的活動，都應該學著參與。各種知識不用太精，略知一二即可，這樣才能讓自己和周圍的人交流更順利，了解更多。

蓬頭垢面，衣服不倫不類、皺巴巴的，這樣的妳自己也不愛看吧？何況妳的家人和朋友。從愛自己開始，聽聽喜歡的音樂、做做皮膚護理、看點有趣的電視節目、讀些感興趣的書籍，只要自己喜歡就行，不一定是曠世名著，因為完全沒必要附庸風雅，故作高深。即使忙得團團轉，也要做個乾淨俐落的女人，而不要讓別人誤認為是家裡的保姆。提高生活的品質和品味，沒有品質的日子，只會讓人面目全非。

成功的人有千百萬，但成功的道路卻只有一條 —— 學習，勤奮地學習，用時下流行的話說就是「充電」。如果一個人停止了學習，那麼他很快就會「沒電」，就會被社會所拋棄。養成堅持學習的習慣，妳離成功就不遠了。

在網路資訊技術日益重要的今天，如果不學習，很快就會落伍。因此，無論在何時何地，每一個現代人都不要忘記給自己充電。只有那些隨

時充實自己、用學習來武裝自己的頭腦、充實自己的生活、為自己奠定雄厚基礎的人，才能在激烈的競爭環境中生存下去。

只要妳不斷進取，不斷為自己充電，就可以名利雙收。也唯有出社會後，仍然勤勉踏實地學習的女性，才有可能保持持久的魅力。能繼續保持那種不斷充電的女性，是只有進步沒有停頓的，並且會像純正的紅酒一樣，隨著歲月的流逝，隨著知識的不斷累積，變得越來越有內涵、有魅力。

現代社會發展的機會很多，女人只要每天學一點，就會每天都有進步。女人們要始終保持處於「充電」的狀態，不斷增加自己各方面的知識，在多掌握一些技能、多一分競爭能力的同時，自身的綜合素養也就自然而然地提高了。

微軟應徵人才時，頗為青睞一種「聰明人」。這種「聰明人」，並非在應徵時就已是某一方面的專家，而是一個積極進取的「學習高手」，一個會在短時間內，主動學習更多與工作有關的知識、積極提高自身技能的人。

微軟的這一選擇標準實在是高明至極。現今世界日新月異，在充滿變數的現實生活中，女人賴以生存的技能也會折舊，而且折舊的速度會越來越快。現在職業半衰期越來越短，所有高薪者若不學習，無須五年就會變成低薪者，面臨淘汰的命運。在這種情況下，妳若固守著原有的知識儲備，去爭取財富，獲取成功，無非是痴心妄想。如果妳不注重及時給自己充電，妳的身價也會迅速貶值。

世界每分每秒都在變化，新的事物、新的技術都在不斷地湧現，女人想要提升自己的身價，就應該懂得不斷充實自己，掌握新的知識，淘汰舊的知識，以此來捕捉這些變化，跟隨這些變化。滿足於現狀，停留在原地不動的女人，總有一天會被這個時代拋棄。

● 讀書的女人有品味

　　一個有魅力的女人是充滿書卷氣息的，她有一種滲透到日常生活中、不經意的品味。

　　喜歡讀書的女人，是有品味、有格調的女人。她談吐超凡脫俗，有一種不同於世俗的韻味。這種女人可以在人群中超然獨立，擁有一種無須修飾的清麗。

　　讀書是一門精神功夫，對女人有潛移默化的感染，有些女人從外貌上看毫無氣質、毫無魅力，甚至是醜陋的，然而，讀書居然使她們獲得了新生。有的女人自知容貌平平，便發憤讀書。由於她讀的書多，知識就比較淵博，變得越來越自信，越來越有品味。

　　可能妳會認為培養高雅的品味、優雅精緻的生活、文化藝術的修養，打高爾夫球、聽音樂會、彈鋼琴、穿名牌服裝要有金錢的支持。所以，妳認為只有先賺到了錢才能提高品味，有錢人才有權談品味。

　　其實，完全不是這麼回事。的確，有錢人更容易接近高標準的物質和精神生活，但是品味跟金錢卻沒有必然的關係。一個女人的品味，並不是由她的財富決定的，而取決於她所受的教育、她的價值觀、她的性格和她所處的環境。就像一個女人的穿著，並不在於有多麼華麗，而在於搭配的恰當和得體。有的女人雖然全身名牌，珠光寶氣，但留給人庸俗的感覺；有的女人僅僅是簡單的牛仔加 T 恤，卻也能穿出自身的氣質。

　　經常看到有些女人喜歡買些廉價、做工粗糙的偽名牌，其實，他們不僅沒有沾到「名牌」的便宜，反而降低了自己的品味。這些女人不是太虛榮，就是誤解了「品味」二字。精緻和優雅的生活，並不是隨著品牌和金錢來的，它來自於妳骨子裡的「精品意識」。

　　作為女人，沒有不希望青春永駐的。但殘忍的是，所有的女人，無論她有多大的雄心壯志，最終不免也要衰老。青春永遠只是人生的美麗過客，來不及繾綣情長便倏然離去。愛讀書的女人卻不會如此，她雖不是鮮花，不是美酒，但她會美得別緻，美得讓人百般尋味。其實，這都在於靈魂的豐富和坦蕩。

　　當別的女人正津津樂道時尚流行，愛讀書的女人會陶醉在書的世界裡，洗滌自己，充實自己，憂傷著自己，快樂著自己。偌大的閱覽室內，她一個人閱讀，整個世界都會是她自己的，沒有嘈雜，沒有紛爭，沒有虛偽，沒有疲累，只有愉悅愜意。

　　愛讀書的女人看世界，會覺得天藍地闊人美。她會把生活讀成詩，讀成散文，讀成小說。對生活，她會真心投入，用心欣賞，心裡從不設防。對世人，她從不裝腔作勢，從不阿諛奉承，總透著一身書卷氣、一股清高感。

　　愛讀書的女人，會使生活情趣高尚，很少持續地去嘆息憂鬱，或無望地孤獨惆悵，她擁有健康的身體、從容的心態。只要心境能保持年輕，對於年華的逝去就會無所畏懼。

　　愛讀書的女人，更愛家庭，家就是她幸福的源泉。她會把孩子看成自己一生中最傑出的作品；她會把丈夫看成一生中最耐讀的書，有情味，含哲理。

　　對於書，不同的女人會有不同的品味，不同的品味會有不同的選擇，不同的選擇得到不同的效果，於是演繹出一道女人與書的風景線。這樣的女人本身就成了一本書，一本耐人尋味的好書。

　　書就是女人修練魅力之路上最值得信賴的夥伴，依靠它，妳將不再畏懼年齡，不會因為幾絲小小的皺紋而苦惱幾天。妳已擁有了一顆屬於自己

的獨特心靈，有了自己豐富的情感體驗。和它生活在一起，妳會發現點點滴滴的生活都書香四溢，充滿愜意。

品味不是金錢堆出來的，也不是名牌堆出來的，讀書就可獲得。當超然與內涵混合在一起，妳就會像水一樣柔軟，像風一樣迷人。

● 女人要有自己的知性美

完美女性不做花瓶，她們的外表與內在一樣出眾。知性女人的最大心思是：善於用知識武裝自己，並有一顆善於反省和感悟的心。

知性，是指主體自我對感性對象進行思考，把特殊的、沒有關聯的感性對象加以綜合，並且聯結成為有規律的自然科學知識的一種先天的認識能力。簡單地說，知性就是內在的文化涵養自然透出的氣質。

知性女人，就是知書達理、知情識趣、人情練達、洞悉世事、既有靈性也有彈性的女人。事業上，她們通常都有很好的發展，但又不同於世俗意義的女強人。她們充滿知性的柔和魅力，上得廳，也下得廚房，感情豐富，極具女人味，清楚自己需要什麼。她們談不上飽讀詩書，但書一定是她們最好的夥伴、精神的糧食，因為這樣的女子才有內涵。生活中，她們有自己的主見和態度，為人處世面面俱到。她們懂得在這世俗的世界為自己留一片純淨的天空，快樂時像個天使，哭泣時像個孩子。她們不同於小女孩式的單純，也不同於小女人式的狹隘。她們溫柔卻又不失活潑，也會偶爾乘興而來，興盡而歸。尤其是那份彷彿置身世外的閒情逸致，在繁華與滄桑間更動人心弦。無須羞花閉月之容貌、語出驚人之博學，知性女子的美由內而外。

知性除了表示了一個女人所受的教育以外，還有一層更深刻的意義，即女人特有的一種氣質，它源於女人所受的教育和環境。有位著名作家

說：「知性女人必讀書。讀書的女人較少持續地沉淪悲苦，因為曉得天外有天、乾坤很大；較少無望地孤獨惆悵，因為書是它們招之即來、永遠不倦的朋友；較少怨天尤人、孤芳自賞，因為書讓她牢記自己只是沙粒滄海一粟……。」書能讓女人收獲思想，收獲人生感悟，從而從容地洞悉世界。知性女人因知識的沉澱，而擁有一種不過時的美麗。

知性女人大都過了而立之年，她們也許看起來不驚豔，也不華麗，但她們優雅、睿智、溫和而真實。經的多了，見的廣了，由內而外的韻致與婉約便從她們的言語、動作、文字中滲透出來，讓人感到內斂而飽滿。

有人這樣詮釋知性女人：隱約的奢華，明淨的優雅，靜謐的吸引。知性女人感性卻不張狂，典雅卻不孤傲，內斂卻不失風趣；知性女人自信、大度、聰明、睿智；知性的女人，說話穩重，談吐不俗，堪稱「女中豪傑」。

知性女人不單是充滿靈性，她的優雅舉止所表現的女性魅力，一樣令人賞心悅目。

這就是知性女人的明智。尊重別人，愛惜自己，既溫柔又灑脫，使人感到輕鬆和愉悅。

知性女人就像一句廣告語所說的：有內涵，有主張。她有靈性，而且「智勇雙全」。她可以無視歲月對容貌的深入，但絕不束手就擒。她可以與魔鬼身材、輕盈體態相差甚遠，但她懂得用智慧的頭腦，把自己打扮得精緻而品味高尚。

知性女人是有知識、有品味、有女性情懷的美麗女人。她們興趣廣泛、精力充沛、重視健康、珍愛生命、獨立進取，努力追求自我價值的實現。她們像田野清新的花，不是為了讚美和飛舞不定的蜂和蝶而開放，而是為了平平靜靜地萌芽、生長和綻放。

　　知性女人是靈性與彈性的結合，她們經歷了一些人生的風雨，因而也懂得包容與期待。高雅的知性女人像一杯慢慢品味的清茶，散發著感性的魅力。做一個知性女人，那是一種涵養、一種學識、一種花樣魅力的氣息，由內而外散發出來。時間在她身上，只是彈了一個巧妙而圓潤的跳音，將她出落得更加可愛。知性女人熱愛生活、熱愛世界，猶如一株草綠了大地，一滴水潤了綠芽。這種美麗還在於恬靜，不為外界的誘惑所動，任風聲水起，依然和煦淡遠。

　　一個真正「知性」的女人，不僅能征服男人，也能征服女人。因為她身上既有人格的魅力，又有女性的吸引力，更有感知的影響力。知性女人的優雅舉止賞心悅目，待人接物落落大方，她用身體語言告訴你，她是一個時尚的、得體的、尊重別人、愛惜自己的優秀上班族。她的女性魅力和她的處事能力一樣令人刮目相看。

　　知性，讓女人變得更加從容，更加美麗，也更加有魅力！

● 女人的修養是一種誘惑

　　一位哲人說過，「塑造一個民族從女性開始。」從這句話中，我們可以看出一個女人在歷史、社會、家庭中的重要作用。那麼一個女人怎樣才能在歷史、社會、家庭中造成很好的作用呢？很重要的一個環節就是修養問題，女人的修養，是一種擋不住的誘惑，是一種感悟極致的平靜，是一種簡單純淨的心態，是一種寧靜而致遠的境界。

　　年輕的女人雖然在風華正茂時，可以毫不費力地依靠外表吸引他人的注意，但如果她們因此而忽略了對自己修養的提升，等到年老色衰時才想到要去彌補，那就太遲了。而那些平凡不起眼的女性，只要她們注意培養自己的修養，無論到什麼年紀，她們身上依然會擁有一種讓人無法抗拒的

獨特魅力，這份魅力讓她們備受歡迎。

一位中年主婦察覺到自己的丈夫經常在家裡誇獎他的女助手，她心裡有些疑惑。於是開始每天描眉畫眼，梳妝打扮，甚至不惜花費了一筆高昂的金錢做美容。然而，雖然她花費了一番心思，但她發現丈夫對她的精心打扮依然視若無睹，仍舊每天大談特談自己的那位女助手。

妻子沉不住氣了，試探著開始打聽女助手的背景。於是丈夫邀請妻子和他一同去探望那位女助手。一見面，妻子大為吃驚。女助手和她的想像相差甚遠，因為她既不年輕也不漂亮，而是一位頭髮已經斑白、身材已經發福的普通婦人。但從她的言談舉止中透露出的典雅、自信、超然、樂觀、機智，周圍人無不受到她的感染，甚至這位妻子也抵擋不住她的魅力，十分迫切地想和她交朋友。這時妻子終於明白了，修養賦予一個女人的魅力是無可比擬的。

女人可以不漂亮，但不能沒有修養。在高雅女性的重要元素中，修養可以說是最高的追求與境界，它賦予女人一種神韻、一種魅力、一種氣質和一種品味。有修養的女人衣著時尚，妝容精緻，神采飛揚，丰姿綽約；有修養的女人平和內斂，從容嫻雅，不矯揉造作，不喜張揚；有修養的女人，是一種遵循自我意願的選擇，是氣質品味的自然流露。

一個修養與智慧並重的女人，懂得把美麗變成自信，把年齡化為寬容，把時間凝結為溫柔，把經歷寫成厚書。她們在歲月的流逝中，日漸綻放出珍珠般的光華，時間和經歷甚至可以成為她們驕傲的資本，在輕描淡寫中微微一笑，流露出令人難以抗拒的溫柔與從容。

那麼，對於女人來說，良好的修養一般體現在以下 10 個方面：

★ **守時**：無論是開會、赴約，有教養的女人從不遲到。她們懂得，不管什麼原因遲到，對其他準時到場的人來說，都是不尊重的表現。

★ **談吐有度**：有教養的女人從不冒冒失失地打斷別人的談話，總是先聽完對方的發言，然後再去反駁或者補充對方的看法和意見，也不會口若懸河、滔滔不絕，不給對方發言的機會。

★ **態度親切**：有教養的女人懂得尊重別人，在與別人談話的時候，總是望著對方的眼睛，保持注意力集中，而不是眼神飄忽不定，心不在焉，一副無所謂的樣子。

★ **語言文明**：有教養的女人不會用一些汙穢的口頭禪，不會輕易尖聲咆哮。

★ **合理的語言表達方式**：要尊重他人的觀點，即使自己不能接受或贊同，也不會情緒激動地提出尖銳的反駁意見，更不會找第三者說別人的壞話，而是陳述己見，講清道理，給對方思考和選擇的空間。

★ **不自傲**：在與人交往相處時，有教養的女人，從不憑藉自己某一方面的優勢，而在別人面前有意表現自己的優越感。

★ **恪守承諾**：要做到言必信，行必果，即使遇到某種困難也不食言。自己承諾過的事，要竭盡全力去完成，恪守承諾是忠於自己的最好表現形式。

★ **關懷體貼他人**：不論何時何地，對長者與兒童，總是表示出關心，並給予最大的照顧和方便，並且當別人利益和自己利益發生衝突時，能設身處地為別人想一想。

★ **體貼大肚**：與人相處胸襟開闊，不斤斤計較、睚眥必報，也不會對別人的過失耿耿於懷，無論對方怎麼道歉都不肯原諒，更不會妒賢嫉能。

★ **心地善良，富有同情心**：在他人遇到不幸時，能盡自己所能給予支持和幫助。

● 有內涵的女人氣場強大

白居易曾說過：「動人心者，先乎於情。」熾熱真誠的情感能使「快者掀髯，憤者扼腕，悲者掩泣，羨者色飛」

如今的社會，由於經濟條件的改善，美女是越來越多了，所謂「十步之內，必有芳草。」走在大街上，妳會發現美麗的女孩比比皆是：時尚前衛的、清新可人的、溫柔善良的……每個女孩都有她動人的一面。但是，光從外表判定一個女人的美麗與否，未免太膚淺了一些。也許外貌的出眾，會給妳一瞬間的衝擊，但相處久了妳就會發現，一個女人的內涵遠比外表更重要。

在現實生活中，很多女人只注意穿著打扮，並不注重內在氣質的修練。確實，美麗的容貌，時髦的服飾，精心的打扮，都能給人美感。但是這種外表的美，總是膚淺而短暫的，如同天上的流星，轉瞬即逝。而氣質給人的美感是不受年紀、服飾和打扮侷限的。一個女人的真正魅力，主要在於特有的氣質，這種氣質對同性和異性都有吸引力。這是一種內在的人格魅力。

的確，一個有學識、有品味、有內涵、有修養、有氣質的女性是一個精品女人，這樣的女人即使不算漂亮，走到哪裡都是一道亮麗的風景，也是最令人難以忘懷的風景，必會魅力四射，光芒萬丈，且永不失落。精品女人如書，應該是一本精裝書，內容與形式俱佳，她豐富的內涵讓人手不釋卷，掩卷後仍蕩氣迴腸，以至於傾心珍藏，也會讓想讀懂她的人，心甘情願用一生去研讀她。綜合說來，有內涵的女人至少具有以下幾點：

有內涵的女人具有自強不息的進取精神。運動選手們為了為國爭光，甘願付出和奉獻，她們自信、自強、不怕挫折和失敗。她們把寶貴的自強

精神和獻身精神，濃縮在競技場上，刻印在長期的奮鬥歷程中，書寫在一個個金光閃閃的獎盃上。因為訓練的繁忙，或許她們疏於打扮，無暇顧及自己的外在「美麗」，雖然歲月的痕跡已悄悄爬上額頭，但她們的智慧、自信、熱情和熱情卻帶不走，歲月帶給她們的是內心的豐富、精緻，帶給我們的是力量和鼓舞。

　　女人並不僅僅靠美麗的外貌才稱得上美，只要面對人生激流中的暗礁與險灘，自己能夠奮力一搏，不懈努力；面對挫折和失敗，自己能夠堅強地站起來，用特有的毅力、勇氣和智慧揚起自信的風帆；面對名利和誘惑，自己能夠淡定和從容；面對大資訊時代的挑戰，自己能夠不斷地學習、充實、提升，以博學多聞豐富自己的內涵，以誠實勞動、不凡的業績來證明自己存在的價值，那麼她才可稱得上是一個真正美麗的女人！

　　有內涵的女人，如同一棵枝葉繁茂的梧桐，人們首先看到的部分，就如它的枝葉一樣感性搶眼，它把女人優雅多姿、豐富飽滿的韻味表露無遺；而看不到的內在，就如樹的根一樣錯互盤橫，支撐葉脈。假如沒有內涵，樹葉無法繁茂。所以，女人只有擁有內涵美，才是真的美！

　　內涵，是女人美麗不可缺少的養分，是充滿自信的幹練，是情感豐盈的獨立，是在得到與失去之間心理的平衡。

　　內涵，將使女人在一生中都散發出無窮的魅力。它是妳一生取之不盡的巨大財富，也是伴隨妳一生永遠亮麗的風景。

　　沒有哪個女人不想成為有內涵的女人，而許多人又常苦於找不到祕訣，或抱怨缺乏應有的條件而信心不足。

　　內涵，真的難做到嗎？其實，做有內涵的女人並不難，不需要很高的條件，祕訣是從身邊的小事做起。沒有過度的裝飾，也不流於簡單隨便，堅持獨立與自信，熱情與上進。有位名主持人曾言：快樂就是成功。她說

人在可以站著的時候，就一定要堅持站著，而且還要保持著漂亮的樣子，這是對自己的尊重，也是對別人的尊重。女人始終要保持自己的優雅。

內涵是一種感覺，這種感覺更多的來自於豐富的內心、智慧、博愛，還有理性與感性的完美結合。

有內涵的女人是智慧的女人。智慧是女人永恆的魅力和性感，容貌無法與歲月抗爭。女人可以不美麗，但不能沒有內涵。唯有內涵能賦予美麗靈魂，唯有內涵能使美麗永駐。

現實女人學：

工作壓力 × 吃土困境 × 婚姻危機 × 婆媳問題，學會從容面對世事紛爭，才能優雅享受人生

編　　著：憶雲，馬銀春

發 行 人：黃振庭

出 版 者：崧燁文化事業有限公司

發 行 者：崧燁文化事業有限公司

E-mail：sonbookservice@gmail.com

粉 絲 頁：https://www.facebook.com/
　　　　　sonbookss/

網　　址：https://sonbook.net/

地　　址：台北市中正區重慶南路一段六十一號八
　　　　　樓 815 室

Rm. 815, 8F., No.61, Sec. 1, Chongqing S. Rd.,
Zhongzheng Dist., Taipei City 100, Taiwan

電　　話：(02)2370-3310

傳　　真：(02)2388-1990

印　　刷：京峯彩色印刷有限公司（京峰數位）

律師顧問：廣華律師事務所 張珮琦律師

定　　價：375 元

發行日期：2023 年 04 月第一版

◎本書以 POD 印製

國家圖書館出版品預行編目資料

現實女人學：工作壓力 × 吃土困
境 × 婚姻危機 × 婆媳問題，學會
從容面對世事紛爭，才能優雅享受
人生 / 憶雲，馬銀春編著 . -- 第一
版 . -- 臺北市：崧燁文化事業有限
公司 , 2023.04
面；　公分
POD 版
ISBN 978-626-357-271-3(平裝)
1.CST: 自我實現 2.CST: 成功法
3.CST: 女性
177.2　　112004073

電子書購買

臉書